다르게 시작하고픈 욕망
서른 여행

한지은 지음

늘 떠다니는 내 삶의 닻이 아니라
등대가 되어준 사랑하는 가족과 Leo,
그리고 또 다른 세상이 있음을
알려준 J에게 진심으로 사랑과 고마움을 전하며-

■ Prologue

    스물아홉, 나는 충동적으로 떠났다.

    당시 여행 기자였던 내가 여행을 떠나기 위해 회사를 그만둔다는 것을 어느 누구도 이해하지 못했다. 회사에서는 휴직을 권했고 부모님과 친구들은 그렇게 다 버리고 떠나는 것은 용기가 아니라 무모한 짓이라고, 다녀와서 처음부터 다시 시작해야 될 텐데 여자 나이 서른이 적은 줄 아냐며 말렸다.
    그러나 나는 떠났다. 모든 것으로부터 자유로워지고 싶어서, 스물아홉의 내게 특별한 서른을 선물하고 싶어서.

    그래서 자유로워졌냐고 묻는다면 '아니다.' 낯선 길 위에서는 자유로울 수 없었다. 이 길이 맞는지 저 길이 맞는지 저 기차를 타야 하는지 말아야 하는지, 이 정도 흥정하면 적당한지 아닌지 알 수 없는 나는 한국에 있을 때보다 더 많은 선택의 기로에 놓였고, 하루하루 생활해 나가기 급급했다.
    스물아홉의 내게 특별한 서른이 되었냐고 물으면 그것도 '아니다.' 여행 후 나는 분명히 달라졌고 이전과는 다른 삶을 살고 있지만 그것은 서른이라는 나이가 주는 일방적인 변화는 아니었다. 나이가 사람을 만들어주지 않는다는 사실을 나는 이미 사회에서 경험하고 배웠다.
    작은 배낭 하나에 의지해 생활했던 250일은 생각처럼 달콤하지 않았고 무작정 떠나왔던 일상은 보란 듯이 여행에서 돌아온 나를 밀어냈지만 그 여행이 행복했냐고, 후회하지 않느냐고 물으면 '그렇다'고 거침없이 대답할 수 있다. 길은 내게 잃은 만큼 얻

고 버린 만큼 채워진다는 것을, 늘 선택을 강요받고 올바른 선택인지 아닌지 조바심 냈던 삶에 '정답'이란 없음을 가르쳐 주었다.

  오늘도 많은 사람들이 떠나고 싶다며 어디로 가야 하는지 어떻게 가야 하는지를 내게 묻는다. 여전히 정답을 알 수 없는 나는 그들이 원하는 속 시원한 대답을 해줄 수가 없지만 표지판이 보이는 큰 길을 따라가면 남들보다 빨리 도착해서 즐길 수 있는 여유가 생기고, 조금 더 돌아가야 하는 숲속 작은 길로 가면 고단하긴 하지만 이름 모를 꽃과 새들이 즐겁게 해준다고 얘기해주고 싶다. 다른 길은 있지만 틀린 길은 없다고.
  그리고 -서른이 훌쩍 넘긴 이제야 알게 됐지만- 떠나는 것이 용기라면 남아있는 것은 훨씬 더 큰 용기가 필요하다는 것도 꼭 말해야겠다.
  두렵고 혼란스러운 스물아홉에 떠나 서른이 되어 돌아왔고 이제는 마흔을 향해 달려가고 있는 내 이야기가 떠나지 못한, 남아있을 수밖에 없던 그들에게 조금이나마 위안이 된다면 더 이상 바랄 게 없겠다.

  끝으로 고맙다는 말로는 다 표현하지 못할 행복을 안겨준 로사, 알리야, 피터, 쟌넬, 샤카프, 뿌자, 리사, 유카, 미호, 효정, 준호, 그리고 길에서 만난 수많은 인연들에게 안부를 전하며.

2010년 늦은 봄
레인, 한지은

■ Contents

Prologue 004

part1. 지금, 나는

나의 세 번째 이름 012
여행하는 나무 레인트리 018
여행을 나누다 026
여행으로 달라진 삶 030
이곳에서 만난 사람들 034
그들이 내게 묻는다 039

part2. 서른, 여행

스물아홉 그리고 봄 044
한번쯤은 심장이 원하는 대로 047

India

여행자로 시작된 첫날 050
델리, 그 낯섦에 대하여 055
여행 3일 만에 깨달은 것 059
절대 익숙해지지 않을 것 같은 066
새로워질 나에게도, 메리 크리스마스 ... 074
사막에서 보낸 스물아홉의 마지막 날 ... 079
드디어, 서른이다 085
007의 도시, 우다이뿌르 089
마음을 놓고 싶을 땐 푸쉬카르로 가세요 ... 093
예정에 없던 대로 우연히 그렇게 098
불편한 영혼의 도시, 바라나시 102

내게 찾아온 행운의 보리수 나뭇잎 105
칙칙폭폭 달려라, 토이트레인 112
누군가의 행복을 비는 첫 번째 기도 117
강가에선 산 것도 죽고 죽은 것도 산다 ... 122

Nepal

걸어서 국경을 넘다 128
위험하지만 위험하지 않은 132
자연이 가르쳐주는 지혜, 안나푸르나 ... 136
눈만 감으면 기억해낼 수 있는 것들 155
과거 속으로 돌아간 도시, 타멜 160

Thailand

내 삶의 비상구를 발견하다 169
치앙마이 요리학교에서 배운 것들 172

내 마음에 귀를 기울일 것	179
목이 길거나 귀가 크거나	182
태국 남부로 떠나다	190
지상의 마지막 낙원로	193
새로운 세계와 마주하다	199
보름달이 뜬다, 파티를 즐겨라!	207
태국 최고의 섬, 코 낭 유안	213

Cambodia

애잔한 붉은 흙길	221
과거로 통하는 길, 앙코르와트	226
똔레삽 호수만큼 넓은 그들의 가난	233
비극적인 역사의 현장, 프놈펜	236
세상 어디에도 슬픔만 존재하는 곳은 없다	240

Vietnam

호치민에서 길을 건너는 방법	243
무이네에 요정들이 살아요	248
행복? 그건 정말 별게 아니다	254
나쁜 사람들만 모여 사는 세상은 없다	258
효도관광지가 되어 버린 하롱베이	262

Laos

조용하고 소박한 라오스의 수도	267
방비엔에서의 평화로운 시간들	270
꼭꼭 숨어라, 므앙응오이느아	278
콜라의 가치	284
그들이 준 네 시간의 행복	288

Philippines

제2의 고향, 보라카이	294

part3. 다른, 시작

서른이 되어 다시 한국으로	300
38리터와 48리터의 차이	303

Epilogue   306

Part.1
지금,
　　나는

레인트리, 나의 놀이터,
전혀 다른 새로운 삶을 시작한 공간

나의 세 번째 이름

"레인트리 언니!"

이제는 낯설지 않은, 날 부르는 소리.
시장에서도, 가게에서도, 가끔은 거리에서도 난 '레인트리 언니'로 불린다. 엄마 아빠가 지어준 '한지은'으로 살았던 십대, 비가 좋아 필명으로 삼은 '레인'으로 살았던 이십대를 지나 삼십대, 내게는 또 하나의 이름이 생긴 것이다.

'레인트리'는 현재 내가 가장 많은 시간을 보내는 나의 놀이터다. 스물아홉, 무작정 한국을 떠나 8개월을 떠돌다가 서른이 되어 돌아온 나는, 그 이후 5년째 이 놀이터에서 전혀 다른 새로운 삶을 살고 있다.

매일 아침 지하철을 타고 회사로 출근하는 대신 농수산물 시장으로 가 신선한 과일과 야채를 고르며 시장을 보고, 컴퓨터를 두들기며 기사를 쓰는 대신 레인트리의 소소한 이야기들을 홈페이지에 기록하고, 점심을 사 먹으러 나가

는 대신 누군가를 위해 음식을 만들어주며, 퇴근시간 전까지 책상 앞에 앉아 일을 하는 대신 주방과 홀을 넘나들며 바삐 움직인다.

격주 5일 근무는 주 7일 근무로 바뀌었고, 매일 밤 12시까지 꼼짝없이 가게에 매어 있지만 '레인트리 언니'로 살고 있는 지금이 그 어느 때보다 편하고 자유롭다.

물론 아침 일찍 일어나 시장을 돌아다니며 흥정을 해야 하고, 싱싱한 과일을 고르느라 이것저것 들춘다고 혼이 나기도 하고, 쉬는 날도 없이 하루 12시간 이상을 꼬박 가게에 있어야 하는 생소한 생활이 처음부터 좋았던 것은 아니다. 그러나 이 모든 것은 내가 하고 싶어서 벌인 일이었다. 이력서를 내고 면접을 보고 출근을 해서 시키는 일을 하고 월급을 받는 일과는 차원이 다른 정말 '내 일'. 상상 속에만 존재하던 여행을 꿈꿀 수 있는 공간, 꿈을 나눌 수 있는 공간이 생겼다는 사실이 끊임없이 나를 흔들어 깨웠다.

"언니, 이번 여름방학 때 배낭여행 가려고 하는데 루트 좀 같이 짜주세요."
"저 이번에 인도 다녀왔어요. 여행앨범 같이 보면서 얘기해요."
"남프랑스는 어때요? 파리에만 있는 게 나을까요?"
"언니가 가본 나라 중에 어디가 제일 좋았어요?"
"이번 여행도 못 가게 됐어요. 언니 여행얘기나 해주세요."

오늘도 '레인트리 언니'를 찾는 소리가 들린다. 그들과 함께 자리에 앉아 지도를 펴면 내 여행은 그들의 여행이 되고, 그들의 여행은 나의 여행이 된다. 레인트리에 앉아 있는 동안 여행은 일상이 된다. 아니, 일상이 여행이 되었다고 말하는 것이 맞겠다. 매일 다른 잠자리에서 새로운 꿈을 꾸며 지내는 것이 일상이 되어버리면 여행은 '떠남'이 아니라는 것을 알게 된다. 나는 이제 눈만 감으면 여행을 시작한다. 그리운 것들이 스쳐지나가고 보고 싶은 얼굴들이 오버랩 되고 그 위에 길이 펼쳐지면 내 여행은 시작된다.

'레인트리 언니' 5년차. 아직도 가끔 나의 세 번째 이름이 실감나지 않고, 시장으로 출근해 흥정을 하는 내 모습이 우습고, 주문을 받고 음식을 만들어내는 내가 어색하지만 이 가슴 벅찬 일상들이 내 것이라고 생각할 때마다 몸 어딘가에서 솟구치는 뜨거운 것들이 온몸을 휩싸는 느낌이 든다.

스물아홉, 반복되던 지루한 일상에 도망치듯 떠났던 여행. 기대하던 서른을 평범하게 받아들이고 싶지 않아 무작정 떠났던 여행이 이렇게 많은 것들을 바꾸어 놓게 될 줄 감히 상상하지 못했다.

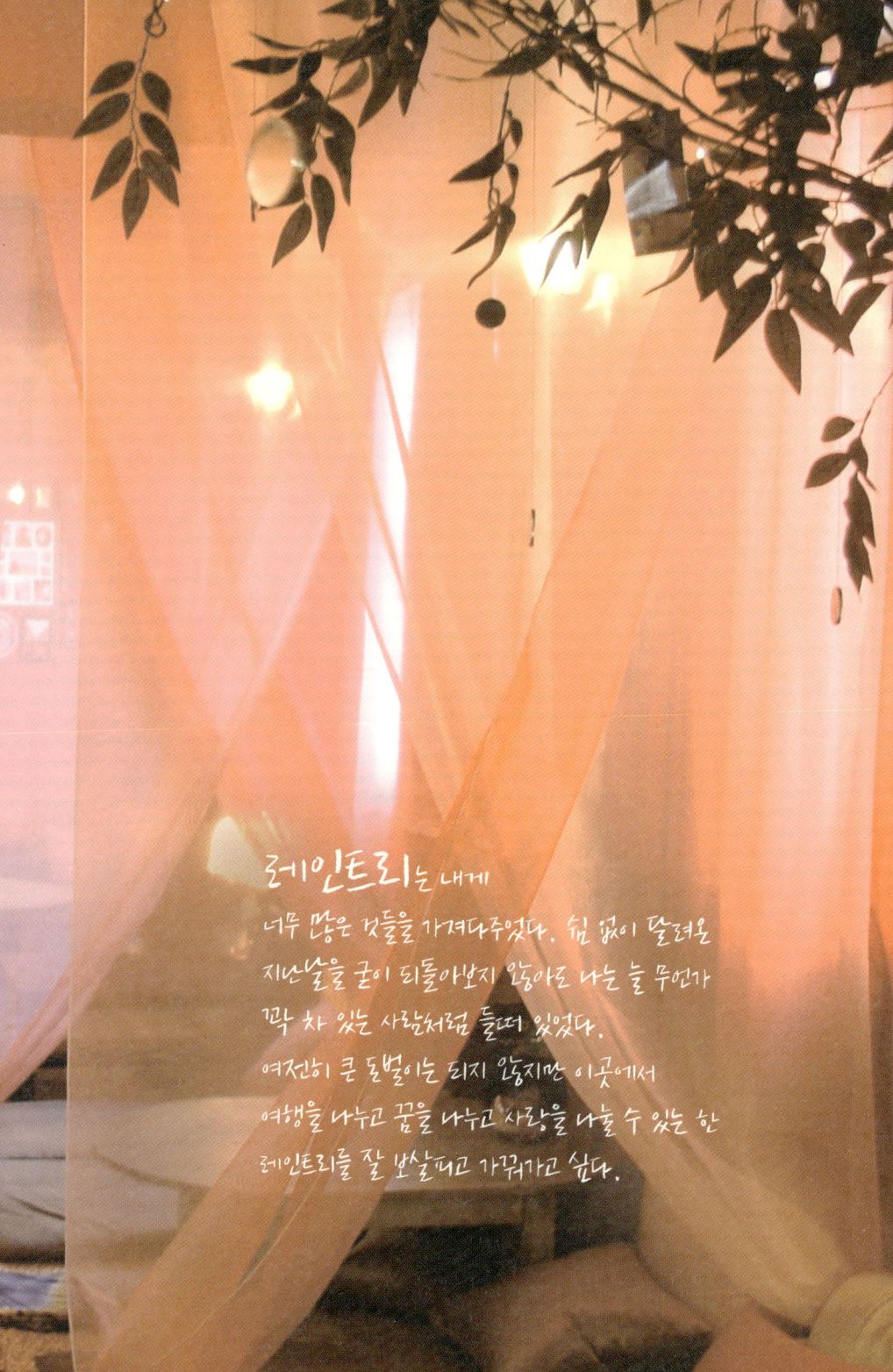

여행하는 나무
레인트리

 인도에는 정말 '레인트리'가 있다. 갑자기 비가 내리면 사람들은 이 나무 밑으로 들어와 비를 피하고 비가 그쳐 사람들이 떠나면 그제야 나뭇잎에 맺혀 있던 빗방울들이 하나둘씩 떨어지는데 그 모습이 마치 나무에서 비가 내리는 것 같다 하여 붙여진 이름이다.
 줄기에서 뿌리를 내려 커다란 숲을 이루는 레인트리. 그 밑에 앉아 있으면서 내게도 이런 공간이 생겼으면 좋겠다고 생각했다. 삶에서 갑자기 생각지 못한 소나기를 만났을 때 비를 피하고, 뜨거운 햇볕이 내리쬐면 쉬어갈 수 있도록 너른 그늘을 내어주는 곳.

 그리고 1년 뒤 거짓말처럼 내게도 진짜 '레인트리'가 생겼다.

 여행에서 돌아오고 난 뒤 다시 취업을 하기 위해 취업사이트를 돌아다니고 지인들을 통해 몇 군데 소개도 받아봤지만 새로운 에너지로 꽉 차 있던 내가 다시 예전의 일상으로 돌아간다는 것은 생각만으로도 기운이 빠지는 일이었다. 길에서 얻어 온 에너지들이 조금씩 빠져나가는 것 같았다.
 하고 싶은 일, 잘 할 수 있는 일들을 생각하며 고민을 하다가 여행 중에 썼던 일기들을 찾아 꺼내 보았는데 우연인지 필연인지 인도 '레인트리' 아래에서 썼던 단상 부분이 펼쳐졌다. 그리고 그때부터 이루어질 수 없는 꿈으로 생각했던 나만의 '레인트리'를 구체적으로 생각하기 시작했다.

 집 앞 생활 정보지를 종류별로 들고 들어와 가게 시세를 알아봤다. 처음엔 단순히 돈이 얼마 정도 필요한지 궁금했다. 집과 가까운 홍대와 이대, 신촌 쪽을 염두에 두고 작은 평수의 가게를 살펴봤는데 생각보다 큰돈이 필요한 게 아니었다. 나는 돈에 관한 개념이 약하고 경제가 어떻게 돌아가는지도 몰라 가게를 하려면 최소한 몇 억은 있어야 할 수 있는 줄 알았는데, 경기가 안 좋아서 권리금 없이 나온 가게도 많이 있었고 평수가 작은 가게들은 보증금도 싸고 월세도 백만 원을 밑돌았다.
 괜히 자신감이 생겨 부동산을 찾아갔다. 작은 평수 위주로 가게들을 둘러보니 머리에 그림이 그려지기 시작하고, 가게 컨셉도 잡혀갔다. 어느새 '할 수 있을지도 모르겠다.'는 생각이 자리 잡기 시작했다. 아침부터 늦은 밤까지 하루도 쉬지 않고 발품을 팔아 가게를 알아보고, 틈틈이 창업 관련 서적을 읽으며 공부를 했다.

'여행을 나눌 수 있는 여행카페는 어떨까? 여행 다니면서 배웠던 음식과 음료들로 메뉴를 구성하면 되겠지? 직접 찍은 사진들과 여행지에서 구입한 소품들로 가게 내부를 꾸미고 내가 다녀왔던 여행지에 대한 조언을 구하면 그들과 한 테이블에 앉아 이야기를 나누며 함께 여행 계획을 세우는 거야. 가게 한쪽엔 진짜 레인트리 같은 나무도 한그루 심으면 좋겠다. 내벽은 내가 좋아하는 빨간색으로 칠하고, 동남아에서 편하게 쉬었던 좌식공간도 만들어야지.'

상상만으로도 기분이 벅찼다. 가게 이름은 생각할 것도 없이 '레인트리'였다. 돌이켜보면 가진 것도 없이 용감하기만 했던 것 같다. 무모함 그것도 젊음이 가질 수 있는 긍정의 기운이라면 좋다, 무모했다고 치자. 그때는 무조건 잘 해낼 수 있을 거라는 무모한 용기 하나로 버텨냈다.

어느 날 자주 들르던 부동산으로부터 이대 부근의 작은 가게가 나왔다고 연락이 왔다. 12평 남짓한 작은 홍차 카페였던 그곳은 확장 이전을 한 상태였고, 내부 수리 중이었는지 칠하다 만 페인트 자국과 각종 쓰레기가 꽉 들어차 있었는데, 큰 창으로 들어오는 햇살이 너무 예뻐 가지고 있던 돈을 몽땅 긁어 덜컥 계약을 해버렸다.
잔금을 치르고 열쇠를 받아들기 전까지 정말 많은 일들이 있었다. 여기저기서 모자란 돈을 구하고, 동업자(레오)를 구하고, 사업자등록증을 만들고, 위생

교육을 받는 등 하나에서 열까지 처음 해보는 생소한 일이라 혼란스러웠지만 상상만 하던 꿈의 공간이 조금씩 채워지고 현실이 되어가는 모습을 지켜보며 얼마나 가슴이 뛰었는지 모른다.

가게를 청소하고, 직접 페인트칠을 하고, 남대문시장, 동대문시장, 방산시장, 광장시장을 돌며 각종 재료를 구입하고, 원단을 떼어 엄마에게 커튼과 방석 그리고 쿠션을 만들어 달라고 부탁하고, 나와 레오는 주방 설비, 액자, 앨범, 테이블, 의자, 기타 집기 등을 구입하고 메뉴를 정하고 레시피를 만들었다. 그리고 가게를 계약한 지 한 달 만에 드디어 여행카페 레인트리를 오픈했다.

입구를 찾기도 힘든 곳에 위치해 있으면서 오픈 이벤트나 행사도 하지 않고 조용히 레인트리를 시작했던 건 나름의 이유가 있어서였다. 나는 레인트리가 정말 '레인트리'가 되기를 바랐다. 삶에서 갑자기 생각지 못한 소나기를 만났거나 인생의 고단한 햇볕을 피해 잠시 쉬고 싶을 때 편히 쉬어갈 수 있는 곳, 힘들고 지친 일상으로부터 떨어져 새로운 꿈을 꾸고 여행을 사랑하는 모든 사람들의 쉼터가 되기를 말이다. 그래서 무작정 기다렸다. 이런 공간이 필요로 해서 찾아오는 사람들이 자연스럽게 생길 때까지. 당장은 힘들더라도 레인트리를 좋아해주는 사람들이 하나둘씩 생겨 이곳을 정말 쉼터로 생각하게 될 때 그들과 친구가 되고 여행을 나누는 일은 그다지 어렵지 않을 것 같았다.

하지만 생각보다 기다리는 시간이 길어졌다. 가끔씩 들어온 손님들은 가게 내부를 획 한번 둘러보고는 온통 빨간 벽에 게다가 신발을 벗어야 하는 좌식 테이블에 손사래를 치며 그냥 나갔다. 여행 후 급격히 떨어진 체력이 채 회복되지 않은데다가 매일 아침 장을 보고 열 두 시간씩 가게를 보고 청소를 하고

집으로 돌아가는 일이 힘들기도 했다. 그러나 메뉴판을 새로 만든다거나 여행 앨범을 만들고 조금씩 가게를 꾸미는데 정신을 쏟고 하루하루를 바쁘게 보내려고 노력했다.

그렇게 6개월 정도를 보냈을까? 입식 테이블 세 개가 다 차면 그냥 나갔던 손님들이 좌식 테이블에 앉기 시작했다. 인도 여행을 다녀온 손님이 여행앨범을 보고 그때를 추억할 수 있어서 너무 좋았다고 메모를 남겨두고 갔고, 태국 여행을 준비 중인 손님들은 조심스럽게 우리에게 조언을 구하거나 근처 학교 학생들이 배낭여행 루트를 짜달라며 가이드북을 들고 찾아오기도 했다.
그리고 그 무렵, 좌식 테이블 자리가 먼저 채워져 가기 시작했다. 내가 동남아 어딘가에서 거의 드러눕다시피 앉아 여행을 즐기던 것처럼, 그들도 우리 가게에 편하게 앉아 이야기를 나누고 여행앨범과 책자들을 보며 여행을 꿈꿨다.

두근거리는 가슴을 주체하지 못해 주방 냉장고 뒤편에 숨어 눈물을 훔쳤던 적이 한두 번이 아니었다. 내가 상상하고 바라왔던 것처럼 레인트리가 잘 커주고 있는 것 같아 뿌듯했다.
편히 앉아 쉬다가 잠이 든 사람, 여행앨범을 보며 이것저것 물어오는 사람, 인도에서 먹었던 라씨나 짜이가 생각난다며 찾아온 사람, 여행 용품을 빌려 달라는 사람, 자신의 여행 이야기를 들려주는 사람들이 조금씩 늘어날 때마다 그간의 힘겨움이 눈 녹듯 사라지고 가슴이 벅차올랐다. 가끔은 갑자기 쏟아지는 진짜 비를 피해 들어오거나 우산을 빌리러 오는 사람도 있었다.

지난 5년 동안 레인트리를 찾은 손님들이 남겨두고 간 작은 사연들을 읽고 있으면 이제 레인트리는 내게만 소중한 곳이 아닌 것 같은 느낌이 든다. 이곳에서 함께 여행을 계획하고 추억하는 사람들, 바쁜 일상을 떠나 레인트리 밑으로 휴식을 취하러 오는 사람들, 손님에서 이제는 친한 친구, 동생, 언니가 되어 버린 사람들 모두에게 레인트리는 특별한 곳이 되어 버렸다.

레인트리는 내게 너무 많은 것들을 가져다주었다. 쉼 없이 달려온 지난날을 굳이 되돌아보지 않아도 나는 늘 무언가 꽉 차 있는 사람처럼 들떠 있었다. 여전히 큰 돈벌이는 되지 않지만 이곳에서 여행을 나누고 꿈을 나누고 사랑을 나눌 수 있는 한 레인트리를 잘 보살피고 가꿔가고 싶다. 스물아홉의 여행이, 서른의 내가, 무엇을 배웠고 나눠야 하는지 이제는 어렴풋이 알기 때문에.

여행을 나누다

    가게를 시작하고 얼마 지나지 않아 레인트리 홈페이지에 여행에 관한 글들을 쓰다가 실제로 여행을 같이 떠나보는 건 어떨까 하는 생각에 '함께 소풍을 가자'는 글을 올렸다. 내가 여행 중에 느꼈던 많은 일들을 글로만 전하는 게 아니라 실제로 그들도 느꼈으면 하는 생각에서였다.

    처음으로 공지를 올렸던 북한산 소풍엔 가겠다고 하는 사람들이 한 명도 나오지 않아 실패했지만, 수목원으로 산책을 갈 땐 네 명이나 모였고 그렇게 서서히 참여하는 사람들이 늘어났다. 여름엔 래프팅 가서 신나게 물싸움도 하고, 겨울엔 눈꽃열차를 타고 태백산 트래킹도 하고, 봄가을엔 양떼목장과 허브농원도 가고, 월드컵 땐 레인트리에 모여 함께 대한민국을 응원도 하기도 했다.

    그리고 레인트리가 2주년 되던 해엔 캠핑카를 빌려 손님들과 유럽여행을 떠나기도 했다. 여행 떠나기 6개월 전부터 홍보를 해서 모인 네 명의 레인트리 손님들과 나와 레오까지 여섯 명이 50일간 캠핑카를 타고 독일, 네덜란드, 벨기에, 프랑스, 스페인, 이탈리아, 모나코, 오스트리아, 스위스, 영국을 여행하고 돌아왔다. 손님들과 긴 여행을 떠나는 것이 처음이라 많은 걱정을 했지만 그때 친해진 동생들과는 아직도 연락을 하며 종종 안부를 물으며 지낸다.

    물론 우리가 '함께 떠나는 여행'으로 많은 사람들이 커다란 교훈을 얻고 삶을 뒤돌아보게 되리라고는 생각지 않는다. 어쩌면 그것은 영영 불가능한 일일는지 모른다.
    나는 그저 레인트리를 통해서 만난 사람들이 일상의 소소한 즐거움을 나누고, 조금이나마 여행의 행복을 맛볼 수 있기를 바란다. 언젠가는 그러한 즐거움과 행복이 조금씩 쌓여 나를 변화시키고 삶을 변화시킨다는 것을 믿으니까.

    가끔씩 여행을 떠나기 위해 가게 문을 닫을 때가 있다. 미리 충분히 공지를 하지만 모르고 찾아온 손님들의 불편함을 생각하면 미안할 때가 있는데 외려 손님들은 우리가 이번엔 어디를 다녀왔는지 궁금해 하고 빨리 여행사진을 보고 싶어 한다. 남의 여행사진이 뭐가 그렇게 재미있을까마는 도저히 시간이나 기회가 나지 않는 그들에게 우리의 여행앨범은 여행 자체이기도 하고 간접으로나마 추억을 쌓을 수 있는 시간인 것이다. 레인트리에 비치되어 있는 여행앨범도 이제 서른 권을 훌쩍 넘어섰다.

앞으로도 여행을, 행복을 나누는 일을 게을리 하지 않을 것이다. 천천히 기다리며 레인트리의 의미를 나누고 싶었던 것처럼 내가 길 위에서 듣고 배웠던 수많은 것들을 하나씩 풀어내어 레인트리가 꿈으로 무성해지기를, 나누고 싶은 행복이 레인트리 이파리마다 풍성하게 열려 비처럼 쏟아지기를 바란다.

지금, 나는

여행으로
달라진 삶

　막 여행을 마치고 돌아왔을 때 몇 군데 출판사로부터 제의를 받았다. 배운 게 도둑질이라 지인으로부터 여행 잡지 원고청탁을 받고 두어 편 쓰고 있던 터였는데 그것을 보고 연락을 해 온 것이다. 그들은 내게 여행이 어땠는지, 여행 후 어떤 변화가 생겼는지 궁금해 했다. 그러나 아무것도 달라진 게 없는 것 같은 나는 무엇을 써야 할지 어떤 얘기를 해야 할지 도무지 감을 잡을 수 없어 거절했다.

　그때는 정말 그랬다. 스물아홉에 여행을 떠나 서른이 되어 돌아왔고, 직장인에서 작은 카페의 오너가 되었다는 것 말고는 여행이 가져다 준 게 무엇인지 뚜렷하게 말할 수 없었다.

　그것은 마치 눈앞에 있는 설산을 오르는 것과 같았다. 멀리서 볼 때는 아름답고 멋있는 경관이지만 정작 그곳을 발밑에 두면 아무것도 느낄 수 없는 황량하고 힘든 얼음길인 것처럼 여행은 내게 당장은 알 수 없는 많은 것들을 서서

히 아주 천천히 가져다주었다. 5년이 지난 지금에서야 그것이 무엇인지 겨우 눈치 챌 수 있을 만큼.

작은 배낭 하나로 충분했던 그날의 여행은 내게 사는 데 필요한 것이 그다지 많지 않다는 것을 제일 먼저 일깨워주었다. 여행을 하는 내내 머릿속을 떠나지 않았던 생각은 '너무 많이 가졌다'는 것이다.

내가 얼마나 많은 것들을 소유하고 살아가는지, 그리고 집과 방을 채우고 있는 대다수의 물건들이 얼마나 쓸모없는 것인지를 말이다. 내 몸의 일부마냥 끌어안고 다녔던 배낭도, 그 속을 가득 채우고 있었던 수많은 물건들도 사실은 전혀 쓸모없는, 지금 당장 버려도 아무런 불편함이 없는 물건이었음을 깨달으며 적지 않은 충격에 휩싸이기도 했다. 없으면 큰 일 날 줄 알았던 전기, 물 같은 것들도 없으면 없는 대로 살아졌다.

그런 생활이 익숙해지니 자연적으로 행복의 기준도 바뀌었다. 여행 전에는 대개 갖고 싶었던 물건을 손에 쥐게 되었을 때 행복했었다. 행복의 유효기간이 길지는 않았지만 사고 싶고 갖고 싶은 것은 넘쳐났으므로 돈만 있으면 언제든 행복할 수 있었다. 그러니 행복은 자연스럽게 돈과 연결되어 있을 수밖에 없었다. 내가 행복해지고 싶다는 것은 돈이 많았으면 좋겠다는 얘기였고, 돈이 필요하다는 것은 행복해지고 싶다는 얘기였다.

그러나 여행을 마치고 난 후의 나는 더 이상 돈과 물질에 얽매이지 않았다. 나 스스로에게서 행복을 찾는 법, 무언가를 굳이 소유하지 않아도 행복할 수 있다는 사실을 배우고 돌아오니 그런 것들이 얼마나 하찮고 쓸데없는 시간 낭비였는지 수도 없이 깨달았기 때문이다.

'행복' 그것은 사실 아무것도 아니었다. 내가 나로 온전히 차 있어 나를 나인 상태로 바로 볼 수 있는 상태가 되면 행복과 불행은 정말 종이 한 장 차이라는 것을 알게 된다. 여행은 '보여지는 나'와 '보여주고 싶은 나' 사이에서 균형을 잃어 삐거덕거리는 나에게 내가 나로서 떳떳할 수 있도록 객관적으로 나를 평가하고 감싸 안을 시간을 선물해 주었다. 자존감. 서른이 되어서야 나는 비로소 그 의미를 알게 되었던 것이다.

그리고 지난 몇 년간 난 충분히 행복했다. 물론 그렇지 않은 순간도 있었다. 우울하고 불안한 날들도 있었지만 그 모든 것을 내 삶의 일부로 받아들이고 긍정적으로 인정할 수 있게 되니, 예전처럼 힘든 날이 길어지지도 그것에 매달려 무작정 시간을 허비하지도 않게 되었다. - 행복감으로 가득 찬, 상상했던 것처럼 안정되고 평안한 삼십대를 맞이하고 나니 문득 사십대에 대한 기대감도 생겼다.- 그리고 지금은 나의 행복으로 그치는 것이 아니라 나로 인해 누군가가 행복해졌으면 좋겠다는 새로운 바람도 가지게 되었다.

여행은 내게 물질에서 나, 그리고 타인으로 옮아가는 행복을 알게 해주었다. 명품 가방을 갖는 것보다 바른 마음가짐을 갖는 게 그리고 그 마음을 남에게 나눠 줄 수 있는 게 얼마나 행복한 일인지 말이다.

비워내지 못하면 새로운 것을 채워 넣을 수 없다는 것, 나는 비우고 버리는 연습이 많이 필요한 어리석고 나약한 인간이었다는 것도 깨닫게 해주었다. 그리고 자연과 더불어 살아가는 법, 나를 있는 그대로 표현하는 법, 어딘가로 떠나지 않아도 여행할 수 있는 법, 삶에 대한 의지, 좋은 친구들, 가족의 소중함, 사랑, 삶의 가치 등 많은 것을 가르쳐주었다. 그리고 아직은 알지 못하는 수많은 것들이 시간이 흘러 어떤 형태로 내게 가르침을 줄지도 기대된다.

여행 중엔 많은 것을 잃고 또 많은 것을 얻는다. 잃는 것 중에 절반 이상이 살면서 그다지 필요하지 않은 것들이지만 얻는 것 중에 거의 대부분은 살면서 힘이 될 만한 것들이다.

이곳에서 만난 사람들

　'얼마 동안은 적자를 면치 못하겠지? 어쩌면 문을 닫게 될 수도 있어. 맛이 없으면 어쩌지? 신선한 유기농 재료들을 알아나 줄까? 여행 얘기는 어떻게 나눠야 하지? 음악은 어떤 걸 틀어야 할까? 금연이면 좋아하는 쪽이 많을까, 싫어하는 쪽이 많을까? 매일 장보는 거 힘들겠지? 빨간색을 싫어하는 사람들도 있을 거야, 신발 벗기를 귀찮아하지는 않을까?'

　가게를 준비하며 수많은 예상들을 했었다. 그리고 그 예상들이 크게 벗어나진 않았다. 그러나 손님으로 마주하게 될 사람들이 보고 싶어지리라고는, 정이 들고, 친구가 되고, 언니 동생 하는 사이가 되리라고는 전혀 예상하지 못했다. 그래서 가끔씩 가슴이 찌릿 하는 순간이 있다.

　'언니와 친하게 지내고 싶어요.' 라며 쪽지를 건네주고 간 풋풋한 신입생은 어느덧 졸업반에서 열심히 취업준비를 하고 있고, 레인트리에서 데이트를 했던 커플은 결혼을 하게 되었다며 반가운 청첩장을 건넨다. 학교 졸업 후 취직

했다며 빳빳한 새 명함을 건네는 손님이 있는가 하면, 같이 여행루트를 짜고 함께 여행에 대해 고민했던 학생들은 여행 중에 엽서를 보내오거나 잘 다녀왔다며 작은 기념품을 건네기도 한다. 직접 만든 빵과 초콜릿을 정성스럽게 포장해 와서 선물하는 손님들, 졸업하고 학교 올 일 있으면 꼭 들려 안부 전해주고 가는 동생들, 간식 들고 찾아와 메모와 함께 슬쩍 놓고 도망가거나 크리스마스나 밸런타인데이 등 기념일에 고마운 말 잔뜩 써두고 가는 손님들까지.

이럴 때마다 정말 어떻게 이 고마운 마음을 표현해야 하는지 몰라 난감하다. 카페를 운영하며 주는 것에 익숙했고 당연히 그럴 일만 있을 줄 알았지 손님으로부터 무언가를 받게 될 줄은 생각지도 못했다. '고맙다'는 말로는 이 벅찬 마음을 다 담을 수 없을 것 같아 고심해보지만 딱히 별 다른 말이 떠오르지가 않는다. 그저 이 공간을 잘 지키는 것만이 그들에게 보답하는 길이라 생각되어 가끔 가게 운영이 힘들어질 때마다 그들을 떠올리며 힘을 내고, 비가 오는 날이면 부침개를 부치거나 떡볶이를 만들어 함께 먹고, 직접 만든 빵과

쿠키를 나누는 일이 내가 할 수 있는 일의 전부다.

이제는 해야 되는 일이어서 무의식적으로 가게 문을 열고 지키는 것이 아니라 보고 싶은 사람들을 기다리는 마음으로 레인트리로 향한다. 오늘은 어떤 사람을 만날까, 보고 싶은 그 사람을 오늘은 만날 수 있을까?

친언니 동생 같은 사이가 되어서 마음속 얘기까지 나누게 된 주영과 주이 자매, 같이 있으면 덩달아 순수해지는 영지씨, 홍콩으로 시집을 가 버려서 끝내 눈물을 흘리게 만든 곽주영씨, 동생이지만 친구 같은 손재주 많은 정윤씨, 이제는 두 아이의 엄마가 된 지애씨, 군대 가고서도 가끔씩 들러 안부 전해주고 가는 남자 손님들, 우리 가게에 오면 밀크 티만 먹는 밀크 티 소녀 민경씨, 생일 때마다 레인트리에서 파티를 하는 세미씨, 2주년 파티 때 정성스런 선물을 준비해 준 루천씨, 레인트리 이벤트의 여왕 인경씨, 보고 싶은 민진씨와 혜선씨, 샌드위치와 파인애플 쉐이크를 좋아하는 우리 카페 최고의 선남선녀 커플, 함께 유럽여행을 갔던 용, 재민, 영호, 미희, 첫 번째 레인트리 사진전을 멋지게 장식해 준 관석씨, 레인트리에서 열심히 일해 준 대원이, 건희, 상근이를 비롯한 아르바이트생들, 그리고 이름은 모르지만 레인트리를 스쳐간 수많은 사람들.

서른이 되어 받은 가장 큰 선물은 레인트리가 맺어준 바로 이 인연들이다. 레인트리가 아니면 만나지 못했을 소중한 사람들. 이제는 여행을 넘어 인생을 나누고 싶어 하는 -미래를 알 수 없어 불안하고 초조했던 막막한 이십대를 경험했던 나와 비슷한 길을 걷는- 동생들과 함께 더불어 사는 법을 나누고 싶다. 돌아보면 아무것도 아닌 일에 자신의 모든 것을 걸고 힘겨워하는 젊음의 등을 쓰다듬으며 거친 파도 위 작은 돛단배 속의 흔들리는 젊음도 언젠가는 햇살이 부서지는 잔잔한 바다 위를 멋지게 순항할 날이 온다고, 많이 흔들려봐야, 끝까지 추락해봐야, 더 이상 가라앉을 곳이 없을 때까지 깨지고 부서져봐야 비로서 땅을 딛고 차오를 수 있는 힘이 생긴다고 얘기해주고 싶다. 기대한 만큼 준비하면서 기다리면 확신에 찬 서른을 맞이할 수 있을 거라고, 이십대, 인생의 칼날을 꽉 움켜쥐고 힘들어 했다면 삼십대는 당당히 칼자루를 쥐고 인생을 멋있게 휘두를 수 있다고 말이다.

서른을 5년째 살고 있는 나는 지금 충분히 행복하다. 이렇게 행복감으로 충만하다가 갑자기 모든 것이 깨져버리는 것이 아닐까 불안할 만큼. 그러나 나는 안다. 그렇게 깨지고 남은 것이 하나도 없음에도 다시 행복할 수 있는 방법을, 이유를.

• 지금, 나는

그들이 내게
묻는다

　　하던 일을 접고 훌쩍 떠났을 때 두려움은 없었나요? 돌아온 뒤의 불안함 같은 거.

　　있었죠. 그러나 그때는 떠나고 싶다는 목마름이 더 커서 두려움이나 불안함이 그리 크게 느껴지진 않았어요. 어떻게든 되겠지 하는 긍정의 자기합리화였을 수도 있겠지요.

　　후회하지 않아요? 그때 떠나지 않으면 포기하지 않아도 될 것들에 대해. 그때로 다시 돌아간다면 똑같은 결정을 할 수 있을까요?

　　그다지 많은 것을 소유하지 않았기 때문에 포기라고 할 만한 게 별로 없었지만 그래도 포기했다고 한다면, 그보다 더 많은 것을 얻어왔기 때문에 후회하지 않아요. 그때로 다시 돌아간다고 해도 저는 똑같은 결정을 할 것 같아요.

　　스물아홉은 긴 여행을 떠나기엔 너무 늦은 나이 아닐까요?

　　하고 싶은 때가 할 수 있는 때라고 생각해요. 떠나지 못하는 건 아마 떠나고 싶지 않아서가 아닐까요? 이것 때문에 안 되고 저것 때문에 안 되는 건 순전히 자기가 만든 룰이잖아요.

20대와 달라진 점이 뭐예요?

행복의 주체가 바뀐 게 가장 달라진 점일 것 같아요. 20대엔 스스로 행복한 사람이 되고 싶었다면 지금은 저로 인해 행복해지는 사람이 많았으면 해요. 여유도 생겼고, 생각의 깊이도 달라졌어요. 시간이 가지고 있는 치유력에 대한 믿음도 생겼고요.

여행을 떠날 때와 돌아올 때 어떤 생각을 하셨어요?

떠날 땐 빨리 떠나고 싶다는 생각만 했고 돌아올 땐 정말 수많은 생각을 했죠. 우물 바깥 세상을 구경한 개구리가 다시 우물 안으로 들어가야 할 때의 기분 같은 거. 어디서부터 어떻게 다시 시작해야 할지 막막했지만 잘할 수 있을 것 같다는 무모한 용기가 들끓었던 것 같아요.

여행경비는 어떻게 마련했어요? 많이 들지 않았나요?

돈이 풍족하지 않았기 때문에 멀리는 못 갔어요. 주로 현지 물가가 싼 곳들을 물색해서 여행했죠. 여행을 떠나야겠다고 생각한 후로 월급을 조금씩 모으고 보험 들어놓은 것 해지하고 퇴직금 받은 거 보탰죠. 짬짬이 아르바이트도 하고요. 여행하는 8개월 동안 4백만 원 정도 쓴 것 같아요.

혼자 여행하면서 외로움을 이겨내는 방법은요? 멋지게 즐길 수 있는 여행 비법 같은 거 얘기해주세요.

여행뿐 아니라 평소에도 외로울 때는 그냥 외로워해요. 감정에 솔직하고 그 감정을 그대로 느끼는 걸 즐기는 편이라 혼자 여행할 때도 힘들지 않은 것 같아요.

옷을 좀 덜 들고 가더라도 책을 몇 권 더 챙겨가거나, 좋아하는 음악을 가져가는 것도 도움이 되지 않을까요? 현지인들을 만날 수 있는 시장이나 작은 마을 돌아다니며 친구도 만들고 가끔은 자연의 소리에도 귀 기울이며 낯선 풍경을 즐기는 것도 좋은 방법 같아요.

그런데, 왜 떠나게 되신 거예요?

지금부터 그 얘기를 해볼까 해요.

Part.2
서른,
　　여행

스물아홉
그리고 봄

여느 날처럼 출근하자마자 컴퓨터를 켜고 모니터의 까만 화면이 보라카이의 눈부신 해변으로 바뀌길 기다리며 따뜻한 녹차 한잔을 마셨다. 컴퓨터가 켜지자마자 스피커에 이어폰을 꼽고 어제 듣다만 음악 목록을 찾아내어 재생 버튼을 눌렀다.

'또 하루 멀어져간다. 내뿜은 담배연기처럼 작기만 한 내 기억 속에 무얼 채워 살고 있는지. 점점 더 멀어져간다. 머물러 있는 청춘인 줄 알았는데 비어가는 내 가슴 속엔 더 아무것도 찾을 수 없네.'

따뜻한 봄날과 어울리지 않는 가수 故김광석의 목소리가 들려왔다. 서른이라는 나이는 나와는 먼 일이라는 생각이어서 그랬는지, 가사보다는 기타 소리가 익숙한 노래여서 그랬는지, 한 번도 가사를 음미하며 들어본 적이 없는 노래였다. 그러나 그날의 '서른 즈음에'는 기타 소리는 어디로 사라져버리고 칼날 같은 노랫말만이 가슴을 타고 흘러 들어와 온몸 구석구석을 헤집고 다니며 생채기를 냈다.

'계절은 다시 돌아오지만 떠나간 내 사랑은 어디에 내가 떠나보낸 것도 아닌데 내가 떠나온 것도 아닌데. 조금씩 잊혀져간다. 머물러 있는 사랑인줄 알았는데 또 하루 멀어져간다. 매일 이별하며 살고 있구나. 매일 이별하며 살고 있구나.'

노래는 끊이지 않고 계속 이어졌다. 점심시간이 끝나고 사람들이 하나둘 사무실 빈 공간을 채울 때까지 내가 한 일이라곤 컴퓨터를 켜고, 녹차를 타고, 플레이어를 작동시키고, 반복 재생을 누른 일뿐이었다.

머그컵 끝에 달라붙은 녹차 티백은 어느새 뻣뻣하게 굳어 있었다. 아직도 반이 남은 식어버린 녹차를 한 입에 넘겨버렸다. 너무 많이 우려내어 녹차의 떫은맛이 입 안 가득 채워질 때 불쑥 떠오른 생각은, '서른 즈음'이었다.

그렇다. 나는 어느새 서른 즈음에, 그것도 막다른 곳에 와 있던 것이다. 얼마나 기다려왔던 순간이었던가. 서른.

삶과 죽음에서 혼란스러웠던 십대, 무작정 치열하기만 했던 이십대를 지나며 나는 기대했다. 서른이 되면 '인생은 이런 것'이라는 정답이 기다리고 있으리라, 희미했던 나라는 존재가 또렷이 각인되리라, 다른 사람들의 말이나 감정에 흔들리지 않게 되리라, 힘들었던 일이나 이해가 되지 않던 일들이 자연스럽게 정리가 되리라, 스스로에게 떳떳하고 행복이 어떤 것인지 알게 되리라, 내가 결정한 일들에 후회하지 않으며, 좀 더 나은 삶이 무언지 확실해 지리라.

일주일 후, 난 사표를 제출했다. 스물아홉의 내게 새로운 세상을 선물하고 싶었다. 늘 꿈꾸고 기대하고 기다렸던 서른을 일상 속에서 평범하게 맞이하고 싶지 않았다. 매일 밤 세계 지도를 펼쳐 가고 싶은 곳을 모두 표시하고, 퇴근 후엔 대형 서점에 들러 여행 관련 책자와 가이드북을 찾아봤다. 통장 잔고와 마지막 월급, 퇴직금까지 계산해 봐도 턱없이 모자란 여행경비 때문에 달랑 한 개 있는 건강보험마저 해약하고 환급금까지 챙겨두었다. 여행을 떠날 때 가장 중요한 건 열정이라고 했던가, 현실의 세계에서 필요한 건 역시 돈과 시간이다. 건강보험까지 해약하며 여행경비를 마련해야 하는 내 심정은 신체포기 각서를 쓰고 사채이자를 쓰는 사람의 그것과 다르지 않았다. 여행에 꽤 관대한 부모님마저 서른을 맞이하기 위해 떠나는 여행에 관한 내 철학은 귓등으로도 듣지 않으시고 '놀러가는 것' 이라 단정 지으시는 바람에 손을 내밀 수도 없었다. 회사에 도시락을 싸가며 점심값을 아끼고 틈틈이 아르바이트거리를 찾아 돈을 모았다.

그렇게 해서 모은 여행경비가 총 5백만 원. 세계지도에 굵게 표시해 둔 프랑스, 이탈리아, 스위스 등을 차례로 지웠다. 유럽으로 떠난다면 아무리 배낭여행이라 하더라도 한두 달 이상 여행하기가 불가능하다. 되도록 오랜 기간 여행하고 싶은 내게 유럽은 그야말로 그림의 떡이었다. 현실을 직시하고 적응이 빠른 나는 5백만 원의 스물아홉은 초라해도 서른은 찬란하리라 스스로를 위로하며 태국, 인도, 베트남, 라오스 등의 동남아시아 쪽에 동그라미를 채워나갔다.

그러나 하루하루 마감과의 전쟁이었던 일상은 나를 그렇게 쉽게 놓아줄 리 없었다. 봄에 제출했던 사표는 여름을 지나 가을을 흘려보냈지만 스물아홉과 김광석의 충동질은 이미 계절을 탓할 일이 아닌 게 되어버렸다.

늦은 겨울, 내 손에는 인도 델리행 비행기 티켓이 쥐어져 있었다.

한번쯤은 심장이 원하는 대로

　태국을 경유해 델리로 들어갔다가 네팔에서 아웃 그리고 다시 태국을 경유해서 한국으로 돌아오는 비행기 티켓. 지겹도록 인터넷을 검색해 본 후에 선택한 가장 합리적이며 저렴한 비행 편이었다. 인도 델리로 들어가 두어 달 인도를 여행한 후 육로를 통해 네팔로 이동하고, 경유지인 태국에서 스톱오버를 하며 태국, 캄보디아, 베트남, 라오스, 미얀마 등을 돌아보고, 한국으로 들어오는 계획을 이 왕복 비행기 티켓 한 장으로 모두 해결할 수 있었다.

　왜 첫 여행지가 인도였는지는 잘 모르겠다. 그러고 보면 특별히 어디를 가야 하나 고민해 본 적도 없었다. 어릴 적, 한 시인의 책을 읽고 환상 비슷한 것을 가지게 된 인도. 긴 여행의 시작은 내 머릿속에, 마음속에 막연히 자리 잡은 그곳을 가야한다고 생각한 것 같다.

　공항에 도착해 짐이랄 것도 없는 작은 배낭 하나를 부치고, 보딩 패스를 받아들자 이제야 '떠남'이 실감났다. '무엇 때문에 나는 길을 떠나는가. 이 선택을 과연 후회하지 않을까.' 떠나는 것에만 급급해 모른 척 미뤄두었던 질문들이 갑자기 고개를 치켜들었다.

　늦은 나이에 모든 것을 털어 버리고 떠난다는 게 쉬운 일은 아니었다. 버린다고 해봤자 물질적인 게 전부였지만 물질과 떨어져 살 수 없는 도시에 생활하면서 그것들을 포기한다는 게 결코 쉬운 결정은 아니었다. 한때 서점을 들락거리며 여행서를 찾아보던 적이 있었다. '다 버리고 떠났다' 는 저자들이 의사나 변호사, 방송인, 예술가, 작가 등 전문 직종이 많은 것을 보고 역시 떠나는 건 쉽지 않은 일이라고 다시 한 번 느꼈었다. 적어도 그들은 그들이 원하기만 하면 다시 일자리를 갖고 예전으로 돌아가는 게 어렵지는 않았을 것이다. 나같이 아무것도 이루어 놓은 것 없고 모아둔 돈 없고 전문적으로 하는 일 없는 평범한 사람들에게 이런 여행은 정말 바보 같은 짓일지도 모른다는 생각도 했다.

그러나 내가 가진 것들을 움켜쥐고 현실에 안주한다고 해서 행복해지거나 더 나은 삶을 살게 될 것 같지는 않았다. 돌아와서 뭘 어떻게 할 지 걱정만 하고 있기보다는 더 늦기 전에 용기 있게 도전해보는 것, 결과가 어떻게 되더라도 한 번쯤은 심장이 원하는 대로 따라가 보는 것이 내가 할 수 있는 최선이었다.

친구들은 누구나 떠나고 싶다고 떠날 수 있는 게 아니라며 날 격려해주었지만 사실 용기 있는 사람은 남아있는 그들이었는지 모른다. 내가 그토록 기대하며 매달렸던 서른. 나는 그 나이를 마주대할 자신이 없었다. 그래서 더욱 서둘러 떠났다.

서른, 그 숫자에 당당한 진짜 어른이 되고 싶어서. 스스로 변화하려는 마음이 없는 한, 나이는 계속 숫자로만 남을 것이다. 무감각하게 숫자만 늘려가는 인간이 되고 싶지는 않았기에 나는 길을 나섰던 것이다.

탑승을 알리는 안내방송이 들려왔다. 두려움은 어느새 가슴 벅찬 기대감으로 변해 있었다. 땅을 박차고 창공 속으로 거침없이 날아가는 이 비행기처럼 나의 선택이, 내가 떠나는 이 길이 틀린 길이 아니기를, 돌아올 땐 조금 더 달라져 있는 나이기를 바라며 점점 작아지는 대한민국에게 그리고 스물아홉에게 작별을 고했다.

India

여행자로 시작된 첫날

오후 여덟시쯤 인도의 델리Delhi에 도착했다. 생각보다 작고 허름한 인디라 간디 국제공항은 바깥 어둠보다 더 축축하게 젖어 있었다.

두꺼운 외투를 입은 커다란 눈의 인도사람들이 누군가를 기다렸다가 만났다가 헤어졌다가를 반복하고 있었다. 몇몇 사람은 내게 다가와서 택시가 필요한지, 어디서 왔는지, 어디로 갈 계획인지를 물었다가 별 반응을 보이지 않는 내가 심심했는지 곧 다른 여행자에게로 옮겨갔다.

새벽같이 움직이려면 조금이라도 눈을 붙여두는 것이 좋겠지만, 낯선 공기가 흐르는 곳에서 잠을 청하기란 쉬운 일이 아니었다. 게다가 정체를 알 수 없는 비릿한 냄새는 여행 떠나기 전 엄마가 직접 담근 양념 게장에까지 생각을 미치게 하더니 이 춥고 삭막한 공항에서 그저 날이 밝기를 기다리며 멍청히 앉아 있는 내 자신을 이내 초라하게 만들어 놓았다. 지금쯤이면 간이 잘 베인 매콤한 게장에 따끈한 밥 한 공기 뚝딱 비워내고는 포근한 이불 속에 누워 하루를 마감하고 있을 텐데.

괜히 서러워졌다가 배가 고파졌다가 식구들이 그리워졌다가 친구들이 보고 싶어 이런저런 생각을 하다 보니 어느새 날이 밝아오고 있었다. 사라지는 어둠만큼이나 나의 소소한 걱정거리들도 급격히 희미해져갔다. 낯선 곳에서의 어색함은 늘 이 정도 수위에서 멈춰버리고 걱정과 염려는 곧 기대와 흥분으로 탈

바꿈한다.

씩씩하게 배낭을 메고 프리페이드 택시Prepaid Taxi(선불요금제 택시)를 타러 갔다가 생각보다 비싼 요금에 혀를 내두르고 버스 쪽으로 발걸음을 돌렸다. 목적지는 델리의 여행자거리 '빠하르간지Paharganj'. 차장아저씨는 특유의 억양으로 "빠하르간지, 빠하르간지. 빠~아하르으간지이이." 를 외쳐댔다. 버스는 나를 비롯한 몇몇의 외국인여행자들과 인도사람들을 태우고 공항을 빠져나갔다. 덜컹거리는 버스에 앉아 생경한 바깥 풍경을 넋을 잃고 바라봤다. 버스는 중앙선도 없는 도로를 자유자재로 넘나들며 달려가고 있었다. 난방장치 하나 없는 양철버스는 냉기가 감돌았고, 버스의 창문에서는 차가운 바람이 쉴 새 없이 새어 들어왔다.

얼마쯤 시간이 지났을까? "빠하르간지." 라고 짧게 외치는 안내아저씨의 말에 외국인여행자들이 옷을 추스르고 가방을 멨다. 창밖의 풍경은 지금까지 달려오던 곳과 크게 다르지 않아 여행자거리라고 불릴 만한 분위기는 아니었지만, 나도 덩달아 가방을 메고 버스에서 내렸다. 버스에서 내리자마자 릭샤왈라Ricksaw walla(릭샤를 끄는 사람)들이 몰려오기 시작했다. 행선지를 물으며 호객행위를 하고, 몇몇 여행자들은 그들이 부르는 값에 가뿐히 사이클 릭샤Ricksaw(인력을 이용하는 교통수단.)에 올라탔지만 나는 지도를 펼쳐 현재 위치를 확인했다. 분명 이 근처 어딘가에 빠하르간지가 있을 것이다. 엉터리 표지판과 애매한 지도 탓에 위치를 파악하기가 쉽지 않았지만, 바가지가 뻔한 릭샤에 선뜻 올라타고 싶지가 않아 열심히 길을 찾았다.

릭샤왈라들은 끝까지 나를 따라붙으며 내가 가는 방향마다 "그쪽이 아니다, 반대편으로 가야한다, 길을 건너야한다." 며 참견을 했다. 그중 제일 선해 보이는 릭샤왈라가 가르쳐 준 길로 한없이 걷고 있었는데 멀찌감치 자신의 릭샤를 몰고 따라오고 있는 그 사람의 모습이 보였다. 순간, 아차 싶었다. 이 릭샤왈라는 일부러 틀린 길을 가르쳐주고는 내가 지쳐서 자신의 릭샤를 타기를 기다리고 있었던 것이다. 나는 다시 지도를 펼쳐들었다.

생각대로 빠하르간지는 멀지 않은 곳에 있었다. 내가 확신에 차 발걸음을 돌리자 다시 따라 붙는 왈라들. 그곳은 델리역이 아니라고 했다가, 델리역은 공사중이라고 했다가, 어제 폭파사고가 나서 건너지 못한다고 했다. 듣는 둥 마는 둥 공사의 흔적도 없고, 폭파사고는커녕 사람들로 북적이는 델리역을 통과해 빠하르간지에 도착했다.

안도감과 함께 혼란스러움이 교차했다. 도저히 사람이 발 디딜 틈이라곤 없는 것 같았다. 땅에는 오토릭샤와 사람들, 소와 오토바이, 자전거들이 뒤섞여 있었고, 하늘엔 게스트하우스를 알리는 광고와 인터넷 카페 홍보물들, 전깃줄 등이 어지럽게 늘어져 있었다.

숙소를 구하기 위해 몇 군데의 게스트하우스를 둘러보는 도중에 인도에 와 있다는 사실을 한 번 더 실감했다. 작고 허름한 방, 뚜껑도 없는 얼룩진 변기, 스프링이 튀어 나온 침대, 뜨거운 물이 나오기라도 하면 훌쩍 뛰어오르는 숙박비. 생각했던 것보다 더 나쁘지도, 그렇다고 더 좋을 것도 없었다.

방 상태는 깔끔하지만 온수는 나오지 않는다는 작은 게스트하우스. 뜨거운 물을 원하는 만큼 데워서 양동이로 가져다준다는 말에 숙박비를 흥정하고 짐을 풀었다. 지난 밤, 잠 한숨 못 잔 터라 눈 좀 붙여볼까 침대에 누웠지만 게스트하우스의 낯선 공기는 공항의 그것과 다르지 않았다. 시간이 지날수록 맑아지는 정신을 주체하지 못해 근처 여행자 식당에서 간단히 아침을 해결하고 델리의 거리로 나섰다.

델리, 그 낯섦에 대하여

　인도에서는 어디에서 무얼 하든지 흥정이 기본이다. 릭샤를 탈 때도, 숙소를 구할 때도, 물건을 살 때도. 처음엔 그 과정이 너무 힘겹고 지겨워 "인도, 다시는 오나봐라!" 라는 말을 입에 달고 살았다. 그간 내가 생각해왔던 '상식'이란 것이 여지없이 무너질 때마다 답답하고 당황스러워서 울고 싶었던 적이 한두 번이 아니었다.

　델리의 첫날, 인도국립박물관에 가기 위해 릭샤왈라와 흥정을 하고 오토릭샤에 올랐다. 한참을 달려 도착한 박물관. 왈라는 내 손에서 돈을 빼앗듯이 낚아채고는 내가 내리자마자 시커먼 연기를 뿜으며 떠났다. 박물관 입구를 찾으려고 건물을 빙빙 도는 내게 경비원이 다가왔다.

　"혹시 박물관 찾는 거야? 그곳은 여기서 한참을 더 가야 하는데."

　자세히 둘러보니 그곳은 국립박물관과 비슷한 건물이었고, 그런 일이 종종 있었는지 경비원은 "노 프라블럼No Problem." 이라며 박물관 가는 길을 친절히 알려주었다. 나는 그 후로 절대 릭샤에서 먼저 내리지 않았다. 한쪽 발을 걸치고라도 가이드북에 나온 사진 속 건물과 맞는지 확인했고, 먼저 돈을 건네지도 않았다. 빨리 내리라고 성화히는 릭샤왈라에겐 한마디면 충분했다. "노 프라블럼."

　찬드니 초크Chandni Chowk의 디감바 자인교Digamba Jain Mandir 사원에 들어가

기 위해 신발을 벗어서 휴대하고 다니는 비닐봉지에 넣고 있으니 인도사람이 다가와 "신발을 가지고 들어가면 안 된다."고 말을 건네왔다. 신고 들어가는 게 아니라 벗어서 들고 갈 것이라고 얘기했는데도 굳이 안 된다며 "정 신발을 가지고 들어가고 싶으면 100루피를 내라."고 했다. 그러나 어느 누구도 돈을 내고 신발을 가지고 들어가는 사람은 없었다. 100루피면 하루 숙박비인데 만만하게 내어줄 수는 없었다. 나는 그냥 들어가려고 했고, 그는 막무가내로 나를 막아섰다. 싸움이 커질 만한 사태가 벌어지자 사원의 관리인인 듯한 복장을 갖춰 입은 아저씨 한 분이 다가왔다. 나는 신발을 가지고 들어가는데 돈을 내야 하는지 물었고 그는 "노 프라블럼"이라며 나를 입장시켜주었다. 내게 돈을 요구하던 사람은 어디로 사라졌는지 이미 자리를 피하고 없었다.

붉은 성에서도, 올드 델리에서도, 꾸뜹미나르 유적지에서도 "노 프라블럼", 상인들과 릭샤왈라와 흥정을 할 때도 "노 프라블럼". 온종일 문제이지만 문제가 되지 않는 저 문제적 발언에 지독히 세뇌를 당하고 지친 몸으로 숙소로 돌아왔다.

주인은 반갑게 나를 맞으며 숙박료를 요구했다. 나갈 때 한꺼번에 주겠다고 하려다가 '노 프라블럼'적인 상황을 만들고 싶지 않아 순순히 100루피를 꺼내주었더니 정색을 하는 주인. 100루피가 아니라 100달러였단다. 분명히 "하룻밤에 120루피"라고 얘기했고 뜨거운 물이 나오지 않는다고 20루피를 깎아 100루피로 흥정을 했건만 하룻밤 새에 루피가 달러로 둔갑을 해버린 것이다.

나는 의자에 앉아 정신을 차리고 주인과 대화를 시작했다. 눈 하나 깜짝하지 않는 주인장은 무조건 100달러를 내놓으라고 했고, 나는 100루피 이상은 절대 줄 수 없다고 버텼다. 강경한 내 반응이 신통치 않았는지 주인은 50달러까지 깎아준다고 되레 흥정을 시작했다.

나는 화가 나 방으로 올라가 짐을 싸서 내려왔다. 그러자 주인은 "노 프라블

럼"이라며 25달러를 제시했다. 더 이상 참을 수 없던 나는 "빅 프라블럼!"이라고 소리를 치며 경찰을 부르겠다고 으름장을 놓았다. 놀란 주인은 전화기로 향하는 나를 제지하며 "오케이, 오케이, 노 프라블럼. 100루피 오케이."라고 꼬리를 내렸다.

 인도를 여행하는 내내 계속 이런 상황들에 부딪힐 생각을 하니 머리가 지끈거렸다. 당장 이곳을 뛰쳐나가 숙소를 다시 구하고 싶었지만 날도 저물었고 더 이상 흥정할 기운도 없어 100루피를 지불하고 - 또 다른 말을 할까 싶어 영수증까지 챙겨들고 - 다시 방으로 올라왔다. 델리 여행 하루 만에 남들이 경험해 본다는 인도의 황당한 사건들을 겪고 나니 기운이 다 빠져버렸다.

 델리의 볼거리는 생각보다 빈약했다. 나는 유명한 관광지에서보다 빠하르간지의 골목길에서, 매캐한 연기가 가득한 도로에서, 땀 냄새가 지끈거리는 버스에서 델리를 느꼈다. 몇몇 레스토랑에서 만난 외국인여행자들과 인도 특유의 화려한 색채, 향신료가 가득한 인도 음식이 내가 다른 나라에, 그토록 열망하던 인도에 와 있음을 실감케 했다. 하지만 어딘가에서 전화벨 소리가 계속 맴돌고 바지 주머니에서는 가끔 휴대전화 진동이 느껴졌다. 너는 아직 여행자가 아니라는 듯.

 나는 델리를 떠나기로 했다. 좀 더 이 낯설음이 익숙해지기를. 그리고 떠나 두고 온 것들에 대해 익숙해지기를 바라며.

여행 3일 만에 깨달은 것

아직 시차적응이 안됐는지 아침 일찍 눈이 떠졌다. 대강 짐을 싸두고 간단히 아침을 해결하기 위해 숙소를 나섰는데 이른 시각이라 그런지 문을 연 가게가 많지 않았다. 골목 끝까지 걸어갔다가 마땅한 곳이 없으면 그냥 버스스탠드로 이동할 생각이었는데 고소한 빵 냄새가 흘러나오는 작은 식당이 보였다.

식당 안은 부지런한 여행자들로 이미 가득 차 있었다. 종업원이 안내해주는 자리에 앉아 크로와상과 식빵 한 조각, 잼과 커피, 달걀이 한 접시에 나오는 25루피짜리 아메리칸 브렉퍼스트를 시키고 가이드북에서 다음 목적지인 쉼라 Shimla를 찾아보고 있었다.

쉼라는 '작은 영국'이라는 별칭이 붙을 만큼 영국 색깔이 강한 곳으로 영국인들이 즐겨 찾는 휴양지라 도시 전체가 유럽풍으로 깨끗하게 꾸며져 있다고 하는데 무엇보다 더 몰 The Mall이라고 하는 중심지역은 모든 교통수단이 통제되어 소음과 공해로부터 자유로운 곳이라 했다.

델리에서부터 쉼라까지는 이동시간만 열 시간이었다. 서울에서 부산까지 이동하는 다섯 시간도 지루해하는 작은 땅에 사는 내게 열 시간은 적지 않은 시간이었다. '휴게소는 있을까? 밥은 어떻게 해결하지? 버스 상태는 괜찮을까?' 고민하고 있는 사이 아침식사가 나왔다. 빵은 냄새만큼 고소하지는 않았지만 긴 이동시간을 고려해 한 조각도 남기지 않고 다 먹었다.

• 서른, 여행

또다시 릭샤왈라들과 복잡한 흥정 끝에 델리의 메인 버스스탠드로 이동했다. 제법 상태가 좋아 보이는 쉼라행 디럭스버스에 오르니 이제야 마음이 조금 편안해졌다. 쉼라에는 릭샤도, 택시도 없다고 하니 적어도 그들과 흥정하느라 피곤할 일은 없을 것이다. 눈을 감고 잠을 청했다. 버스는 쉴 새 없이 밤길을 달렸다. 가끔씩 눈을 떠 창밖을 보니 불빛과 별빛이 뒤섞여 있었다. 왠지 쉼라에는 착한 사람들만 살 것 같은 기분 좋은 예감이 들었다.

하지만 예상은 보기 좋게 빗나갔다. 쉼라 버스정류장에 내리자마자 호객꾼들이 달라붙었다. 교통수단이 없으니 자신들이 무거운 내 배낭을 원하는 곳까지 옮겨줘야 한다는 것이다. 생각지도 못한 상황에 놀라 잠시 정신을 놓고 있는 사이 내 배낭은 어느새 인도 아저씨들 사이에서 이리저리 옮겨 다니고 있었다. 괜찮다며 내 배낭을 뺏어들고 정류장을 벗어나는데 이 사람들, 내 곁을 떠날 생각을 하지 않는다. 이러다간 숙소까지 따라올 기세여서 인상 좋아 보이는 아저씨 한 분께 가방을 부탁하고 미리 생각해 둔 숙소로 걸음을 옮겼다. 아저씨는 자기가 알고 있는 저렴한 숙소가 있다며 그곳으로 가자고 끈질기게 설득했지만 나는 들은 척하지 않고 원래의 숙소를 찾아갔다.

그러나 새벽이라 그런지 게스트하우스 문이 닫혀 있었다. 몇 번 벨을 눌렀지만 인기척이 없었다. 아저씨는 신이 나 자신의 숙소를 추천했고, 급기야 내 배낭을 메고 먼저 앞장을 서기 시작했다. 나는 아저씨께 애초에 주기로 했던 15루피에 5루피를 더 얹어 주고 배낭을 찾아왔다. 날이 어두워 다른 숙소를 찾는 것도 무리인데다가 쉼라는 물가가 만만치 않은 곳이라 아무 곳이나 들어갔다간 낭패일 것 같아 근처 벤치에 앉아 날이 밝기를 기다렸다.

조금씩 날이 밝아지자 급격히 허기가 몰려왔다. 오늘 하루 동안 먹은 거라곤 아침에 델리에서 먹은 빵 몇 조각이 전부였다. 간단히 요기할 만한 것을 찾다가 문을 연 인디언커피하우스를 발견했다. 호객꾼들은 그때까지도 내가 움직일 때마다 그림자처럼 따라붙었다가 카페로 들어가는 걸 확인하고 나서야 뿔뿔이 흩어졌다.

　커피와 토스트로 간단히 아침을 해결하고 화장실에 가서 세수도 했다. 그리고 이왕 이렇게 밤을 새운 김에 숙박비도 아낄 겸 늦은 저녁버스를 타고 마날리Manali로 이동하기로 했다. 쉼라는 소문처럼 맘 편하게 쉴 곳이 아닌 것 같았다.

　마을 이곳저곳을 돌아다니다가 근처의 전망좋은 파크 카페에 들어가 차 한 잔을 마시며 쉬었다. 루 리드와 비틀즈의 노래가 흘러나오는 젊은이들이 가득한 카페였다.

　이제 여행을 시작한 지 겨우 3일이 지났다. '어디서 잘지, 무엇을 먹을지, 어디로 갈지' 만을 생각하며 정신없이 돌아다니니 정작 내가 왜 이곳으로 떠나왔는지 의미를 찾을 수 없었다. 떠남의 갈증이 해소되고 나니 또 다른 허무함이 찾아왔다. 그저 '떠나라' 는 마음속의 외침에 충실하고 싶었지만 여행으로 인해 많은 것들을 놓치지 않을까 두려운 마음은 항상 나를 괴롭혔다. 게다가 이곳 인도는 자꾸만 나를 지치고 힘들게 만들었다. 맘 편하자고 여행을 시작한 건 아니었지만 상식조차 통하지 않는 답답한 생활을 도저히 즐길 수가 없었다.

　쉼라 버스스탠드에서 마날리행 공영버스를 예약했다. 특별히 좋은 자리를 주겠다는 친절한 매표원에게서 받아든 2번 좌석이 운전기사 바로 뒤의 다리를 제대로 펼 수 없는 곳임을 확인하고는 바꾸러 갔지만, 아까의 친절한 표정은 어디로 사라졌는지 쌀쌀맞은 얼굴로 안 된다고 거절을 했다. 몇 번을 다시 요청해봤지만 꿈쩍하지 않아 어쩔 수 없이 자리에 올라 배낭을 끌어안고 있으니 이번엔 버스기사가 운전하는 데 방해가 된다며 배낭을 버스 지붕 위로 올리란다. 열 시간이 넘게 이동해야 하고 수시로 사람들이 오르고 내리는데 배낭을 그곳에 올려둘 수는 없었다. 버스 지붕에는 좌석을 구하지 못한 사람들이 타고 가기도 했다.

• 사른, 어행

올릴 수 없다는 나와 올리라는 기사 사이에 언쟁이 높아지자 인도사람들이 모여 들었고, 나를 손가락으로 가리키며 인도 말로 뭐라고 탓하는 것 같았지만 끝까지 들은 척도 하지 않고 가방을 끌어안고 있었다.

버스는 출발했다. 산을 넘어가는 건지 차가 빙글빙글 도는 통에 머리가 어지럽고 속이 울렁거렸다. 나도 모르게 눈물이 흘렀다. 지금껏 누구와 언쟁을 높일 만큼 열정적으로 살지 못했다. 사람들에게 둘러싸여 손가락질을 당해본 적도 없었고 소리를 지르며 싸워본 적도 없었다. 왜 내가 이 먼 곳까지 날아와서 이 고생을 하고 있어야 되나 생각하니 눈물이 멈추질 않았다. 가방에 얼굴을 파묻고 엉엉 울었다. 이까짓 가방이 뭐라고, 당장 잃어버려도 여행하는 데는 아무런 문제가 되지 않을 짐덩이를 끌어안고 낯선 사람들과 싸워야 하는 내 자신이 한심하고 부끄러웠다.

믿지 못하는 건 인도사람들이 아니라 내 자신이었는지도 모른다. 내가 알고 있던 상식, 도덕적인 가치나 잣대가 이곳에서 통하지 않는다는 건 어쩌면 당연한 일이었다. 나는 한낱 여행자이고 이방인이다. 그들이 내게 맞추길 기대하기보다는 내가 그들에게 맞춰야 하는 것이 당연한 일인데 무엇 때문에 그렇게 날을 세우고 예민하게 굴었을까.

인도는 내가 얼마나 틀에 박힌 답답한 인간이었는지 여행 3일 만에 알게 해 주었다. 내가 특별한 것이 아니라 인도라는 나라가, 그 나라에 사는 기막힌 사람들이 나를 그렇게 변화시켰다. 끝없는 절망 속에서 지푸라기 같은 희망이라도 잡고 싶었던 무리한 의미부여일지도 모르겠지만 어쨌거나 사람을 긍정적으로 변화시키는 힘, 그것은 인도가 가진 가장 큰 매력이었다. 그러나 마음속에는 여전히 '다시는 이곳에 오지 않겠다.' 는 다짐이 가시질 않았다.

절대 익숙해지지 않을 것 같은

    마날리로 가는 길은 참 예쁘고 소박했다. 열여덟 시간 동안 오로지 한명의 버스기사가 좁고 구불구불한 비탈길을 운전하는 아슬아슬함과 끊임없이 스피커를 타고 흘러나오던 인도 여인의 앙칼진 목소리 그리고 그보다 더 앙칼졌던 버스의 공기만 떠올리지 않는다면 말이다. 꿀루 계곡 kullu valley 사이사이에 자리한 마을에서 새어나오는 불빛은 마치 별이 하늘이 아니라 땅 위에 내려앉은 것 같았고, 차갑긴 했지만 신선한 공기는 온몸을 정화시켜주는 것 같았다.

    마날리는 신혼여행지로 유명한 곳이라 커플여행자도 많고, 마날리 시내 곳곳에서는 물보다 많이 마신다는 유명한 사과 주스 상점도 자주 눈에 띄었다. 그러나 여행자숙소가 밀집해 있는 마을 안으로 들어갈수록 인적이 뜸해지고 무서운 정적이 감돌았다. 겨우 문을 연 게스트하우스 한 곳을 발견했지만 식당을 운영하지 않아 끼니라도 해결하려면 버스정류장 근처로 다시 내려가야 할 것 같았다. 날이 어두워지기 시작해 일단 그곳에서 1박을 하기로 하고 저녁을 해결하기 위해 터미널로 내려가는데 익숙한 얼굴의 한 여행자가 말을 건네왔다.

    "혹시 한국사람이세요?"

    "예."

    "아, 여기서 묵으세요? 전 지금 바쉬쉿에 있는데요. 이곳으로 넘어올까 해서 찾아와 봤는데 문을 연 곳이 없네요."

"예, 저도 어렵게 구했는데 시즌이 아니라 숙소도 식당도 문을 연 곳이 별로 없다네요."

"그래요? 그래도 바쉬쉿은 여기보다 상황이 좀 나아요. 온천도 있고요. 그럼 바쉬쉿으로 넘어오세요."

바쉬쉿Vashisht은 마날리에서 4km 정도 떨어진 유황 온천으로 유명한 작은 마을이다. 우연히 만난 한국여행자에게 귀가 솔깃한 정보를 얻어듣고, 짜이와 탈리로 추위와 허기를 달래고 숙소로 돌아왔다. 내일 아침 날이 밝는 대로 바쉬쉿으로 향하기로 하고 주인아주머니께서 주신 따뜻한 차를 마시며 잠을 청했다.

밤새 얼마나 많은 눈이 내렸는지 바깥이 온통 새하얗게 변해 있었다. 끊임없이 내리는 눈 때문에 발이 얼어붙기 직전이라 시장에 들어가 무릎까지 올라오는 까만 고무장화를 하나 사 신고 버스 정류장 근처 카페에 들어가 코코아를 한잔 마시며 바시쉿으로 향하는 버스를 기다렸다.

정류장에 적혀있는 시간이 지나도 버스가 오질 않아 카페 주인에게 물어보니 폭설 때문에 바시쉿으로 오고 가는 버스가 모두 끊겼단다. 자신의 친구가 택시를 가지고 있다며 소개해주는데 다른 방도가 없어 비싼 택시를 타고 바시쉿으로 들어갔다.

한국여행자의 말처럼 바시쉿에는 문을 연 게스트하우스나 레스토랑이 많이 보였지만 마날리에서 넘어 온 여행자들이 많았는지 빈 방을 찾기가 쉽지 않았다. 그리고 바시쉿에 있는 숙소의 대부분은 숙박비보다 하시시(마약류의 풀) 판매에 열을 올리고 있어서 단순히 숙박을 원하는 여행자는 달가워하지 않았다.

차가운 눈길에 딱딱해진 장화를 신고 게스트하우스를 찾아 헤매길 두어 시간쯤 지났을까. 난방장치는커녕 창문 틈으로 바람이 쌩쌩 들어오는 허름한 방을 겨우 구했다. 꽁꽁 언 수도에선 물 한 방울 나오지 않고 전기는 끊긴 지 오래였지만 선택의 여지가 없었다. 어찌나 온몸을 떨었는지 허리가 아파오고, 턱은 자동으로 딱딱 소리를 내며 이빨 부딪히는 소리를 냈다. 가져온 옷을 죄다 껴입고도 덜덜 떨고 있는 내가 불쌍했는지 주인할머니가 자신의 방으로 나를 불렀다.

할머니의 방에는 탄두리Tandoori(인도식 화로)가 있었다. 젖었다가 얼었다가 녹기를 반복한 뻣뻣한 양말을 벗고 따뜻한 온기가 피어오르는 탄두리 곁에 앉았다. 말없이 건네주시는 짜이 한잔을 받아들고는 할머니의 친절이 고마워서, 처음 겪어보는 살벌한 추위에 놀라서, 불현듯 찾아오는 외로움과 보고 싶은 얼굴들 때문에 눈물이 고였다. 할머니는 바스락거리는 까칠한 손끝으로 양말을 뜨고 계셨고, 나는 쏟아지려는 눈물을 꾹 참고 뜨거운 짜이를 마시며 몸을 녹였다. 창밖에 펑펑 쏟아져 내리는 눈은 그칠 기색이 없었다.

추운 데 있다가 갑자기 따뜻한 곳에 들어와서 그런지 온몸이 벌겋게 변하고 가렵기 시작했다. 잔이 비어갈 때마다 탄두리 위에 놓여있던 주전자에서 짜이를 계속 부어주시던 할머니는 마을 지도를 가리키며 내게 손짓을 했다.

　바시쉿 온천. '아, 그렇지. 여기는 온천마을이었지.' 나는 할머니를 꼭 안아 감사의 마음을 전하고, 갈아입을 옷과 수건, 세면도구를 챙겨 온천으로 달려갔다. 남녀로 나뉜 온천탕 입구에는 하얀 김이 모락모락 피어올랐다. 조금이라도 빨리 몸을 녹이고 싶은 마음에 후다닥 안으로 뛰어들어갔다. 그리고 잠시동안이지만 별의별 상상을 했던 내 자신을 원망했다.

　인도여인들은 탕 안에서 머리를 감고 때를 밀고 세수를 하고 이를 닦았다. 그리고 탕 밖으로 뽑아져 있는 몇 개의 파이프 관을 따라 흘러내리는 탕 속의 물로 빨래를 하고 설거지를 하고 있었다. 내 상상은 아주 소박했다. 작은 노천탕에 얌전하게 앉아 온천욕을 즐기는 인도여인들과 담소를 나누며 가끔식 머리 위로 소복이 쌓여가는 눈을 치우고 온몸이 흐물흐물 해질 때까지 탕 속에서 꿈쩍하지 않는 것.

　나는 아직 탕 속에 들어가지도 않았는데 몸을 꿈쩍할 수가 없었다. 탕과 연결된 파이프에서는 물만 흘러나오는 게 아니었다. 다량의 비누거품과 각종 부유물들이 멀리서도 알아 볼 수 있을 만큼 함께 섞여 흘러나왔다. 나는 포기했다. '겨우 며칠 안 씻는다고 죽지는 않는다.' 고 위로하며….

　그러나 바시쉿의 추위는 자꾸만 온천을 떠올리게 했다. 더러워서 죽지는 않겠지만 몸이 얼어 죽을 수도 있다는 생각이 들 만큼 그곳의 추위는 혹독했다. 추위가 그렇게 무서운 건지 나는 그때 처음 알았다. 옷을 잔뜩 껴입고 침낭 속에 들어가도 몸 곳곳에 바람이 일었고, 온몸을 떨어대느라 허리와 어깨, 턱까지 통증이 실려 왔다. 눈을 감고 어서 잠이 오기를, 그래서 추위를 느끼지 못하기를 바랐지만 그럴수록 눈은 더 말똥말똥해지고 밤은 길어져갔다.

　나흘간 끊임없이 내리는 눈에 꼼짝없이 갇혀버린 나는 자연스럽게 온천으

로 발걸음을 향했다. 탕 속의 풍경은 며칠 전과 다르지 않았다. 달라져 있는 건 오로지 나 자신뿐이었다. 몸 어딘가에 박혀있는 것 같은 얼음 덩어리들을 어서 녹여내고 싶었다.

옷을 벗고 탕 속에 들어갔다. 내 몸 구석구석 박혀있던 얼음 조각들이 살을 뚫고 나와 뜨거운 물을 미지근하게 만드는 것 같았다.

"아~." 나도 모르게 흐뭇한 웃음과 함께 감탄사가 흘러나왔다. 왜 진작 들어오지 않았을까 후회스럽기까지 했다. 그때 누군가가 탕 속으로 뛰어 들어왔다. 첨벙첨벙 물소리에 놀라 눈을 떠보니 내 나이 또래쯤 되어 보이는 여인이 터프하게 머리를 감기 시작했다. 무릎까지 내려오는 긴 머리를 똬리를 틀었다가 풀고 탕 안에 담가 흔들었다가 묶고 풀기를 반복하고 있었다. 탕 안이 그리

크지 않은지라 사방으로 물과 미끈한 거품이 튀었는데 다른 사람들은 무심한 듯 각자 할 일을 하고 있었다. 나도 그럴 작정이었다. 그녀의 머리카락이 내 몸에 닿기 전까지는.

휙휙 잘 돌아가던 그녀의 머리카락이 내 어깨에 턱 하니 걸쳐진 순간, 나는 깜짝 놀라 탕 밖으로 뛰쳐나갔다. 그녀는 나를 쳐다봤다가 아무렇지 않은 듯 이내 머리를 감는 일에 집중했다. 찬 기운이 금세 온몸을 휘감아 다른 생각을 할 겨를도 없이 나는 다시 탕 안으로 들어갔다. 그리고 절대로 익숙해지지 않을 것 같던 이 낯선 풍경이 몸에 찬기가 덜어질수록 서서히 익숙해져갔다.

이제는 탕 속으로 빨랫감과 설거지거리를 가지고 들어오지 않은 것만으로도 참 다행이다 싶을 만큼 적응도 했다. 흘러나오는 물에 머리도 감고 세수도 하고 때도 밀었다. 이제는 물에 뭐가 섞여있는지, 깨끗한지 아닌지가 중요한 게 아니라 그저 따뜻한 물이 끊임없이 나온다는 사실이 고맙고 또 고마웠다.

온천에 적응한 다음날, 드디어 눈이 그쳤다. 눈 때문에 꼬박 일주일을 이곳에 머물렀다. 버스가 움직인다는 소식을 듣자마자 나는 다시 짐을 꾸렸다. 크리스마스는 좀 더 많은 사람들과 보내고 싶어 맥그로드 간즈Mcleod Ganj로 떠나기로 했다. 여행을 시작하면서부터 내내 귓가를 맴돌던 전화벨 소리도 점점 작아져갔다.

새로워질 나에게도, 메리 크리스마스!

맥그로드 간즈는 티베트 임시정부가 있는 곳이자 14대 달라이 라마Dalai Lama인 텐진 가쵸Tenzin Gyatso가 머무는 곳으로 유명하다. 달라이 라마가 망명 한 후, 이곳에는 티베트 난민들이 정착해 생활하고 있다. 곳곳에 'Free Tibet'을 알리는 깃발과 티베트의 평화를 위해서 자원봉사를 하고 있는 이들이 눈에 띄었다. 작은 공터에 천막으로 허슬하게 베이스캠프를 만들어 놓고 아이들을 가르치고 홍보물을 만들어 이곳을 찾는 여행자들에게 티베트의 현실을 알리고 있는 자원봉사자들. 나는 크리스마스를 재밌게 보내기 위해 이곳으로 왔는데 그들은 남의 땅에서 다른 사람들을 위해 추위도 아랑곳하지 않고 크리스마스 이브에도 열심히 일을 하고 있었다.

베이스캠프 앞에서 우두커니 서있는 나를 발견한 파란 눈의 여자가 다가와 홍보물을 건넸다. 몇 장의 사진과 문구가 적혀 있는 종이를 들여다봤지만 눈에 들어오지 않았다. 친근하게 내 손을 잡으며 서명할 수 있는 곳으로 이끌 때도 무기력하게 그냥 따라갈 수밖에 없었다. 서명을 끝내고 베이스캠프를 한 바퀴 돌아보고 나올 때까지 나는 설명하기 힘든 기분에 사로 잡혔다. 오로지 나만을 위해 살아온 29년. 이제 곧 다가올 특별한 서른을 맞이한다며 이 먼 곳까지 날아온 내가 한없이 작게 느껴졌다. 그들은 무엇을 위해 자신의 시간과 돈과 젊음을 포기하면서까지 이런 생활을 하고 있는 걸까. 티베트는 그들에게 어떤 의

■ 서른, 여행

미인가. 자유란 무엇인가. 행복한 삶이란 뭘까. 끊임없이 물음표가 떠다녔다.

숙소로 돌아오니 주인인 샨티가 크리스마스 파티를 연다며 각자 음식을 준비해 아홉시까지 자신의 사무실로 오라고 안내를 하고 있었다. 나를 포함한 한국인 투숙객들은 닭볶음탕을 준비했고, 샨티는 몇 가지 인도 요리를 만들었다. 아일랜드, 호주, 캐나다, 일본 친구들이 모여 각자 준비해 온 음식을 나누어 먹으며 각 나라의 캐럴을 불렀다. 이곳에서 아이들에게 영어를 가르친 지 넉 달이 되어간다는 아일랜드 친구들은 행진곡풍의 캐럴을 씩씩하게 불렀고 '징구르베르'로 변형된 일본 친구 히데의 '징글벨' 노래엔 모두 배꼽을 잡고 웃었다. 나와 한국 친구들은 '창밖을 보라'를 열창했고, 캐나다 친구들은 깜찍한 율동을 곁들인 캐럴을, 인도 친구들도 멋들어진 그 나라 특유의 억양으로 크리스마스 노래를 선사했다.

창밖에는 어느새 눈이 내리고 있었다. 먼저 눈이 내리는 것을 발견한 샨티가 "메리 크리스마스!"를 외쳤고 우리는 누가 먼저랄 것도 없이 목이 터져라 "메리 크리스마스"를 따라 외치며 서로에게 크리스마스를 축복했다. 여러 나라의 친구들과 크리스마스이브를 보낸 게 처음이라 낯설었지만 그보다 더 낯설었던 그날 낮의 감정들이 밖에 내리는 눈처럼 머릿속에서 소용돌이쳤다.

내가 행복해지는 것이 최고인 줄 알았다. 그것이 길고 지루한 인생길에 당연한 정답인 줄 알고 살았다. 그러나 이곳에서 다른 삶을 살고 있는 사람들에게 삶의 주체는 '나'가 아닌 듯 보였다. 티베트를 위해, 티베트 아이들을 위해 살고 있는 그들이, 날 위해 살고 있는 나보다 더 행복해 보였다.

스물아홉 크리스마스이브, 그날 나는 늦은 밤까지 잠을 이룰 수 없었다. 나를 위한 일차원적인 행복과 나의 행복과 불행에 무수히 흔들리던 삶이 부끄러워졌다. 가슴이 벅차올라 눈물이 흘렀다. 무엇 때문인지는 모르겠다. 단지 그 눈물을 닦으며 결심했다. 다시는 예전의 나로 돌아가지 않겠다고.

• 서른, 여행

사막에서 보낸 스물아홉의 마지막 날

자이살메르Jaisalmer는 사막의 도시다. 아니 정확히 말하면 '낙타 사파리'의 도시다. 한 집 건너있는 여행사들은 다양한 낙타 사파리 프로그램으로 여행자들을 유혹하고 게스트하우스, 레스토랑, 심지어 잡화점에서도 낙타 사파리 여행자를 모으고 있었다.

물론 나도 낙타 사파리를 체험하기 위해 이곳 자이살메르에 왔다. 사막. 그곳에서 나의 서른을 맞이할 계획이었다. 여기저기 여행사를 돌아다니며 체험 프로그램과 코스, 가격을 비교해 보고 제일 믿음이 가는 곳에 예약을 했다. '경건한 마음으로 사막에서 나의 서른을 맞이하리라.'

12월 31일 아침, 숙소 앞에서 기다리는 작은 버스를 타고 사막의 초입으로 이동했다. 가이드인 듯한 사람이 오늘 함께할 일행이라며 이미 도착해 있는 사람들을 소개시켜 주었다. 나까지 모두 열 명. 나의 거룩한 '서른맞이'를 함께할 숫자로 딱 떨어진다며 내심 즐거워하고 있었다. 낙타몰이꾼들은 아침을 준비하고 가이드는 각자 타고 갈 낙타를 배정해 주었다. 내 낙타는 긴 속눈썹이 매력적인 '라쥬'였다. 얌전히 앉아있는 라쥬 옆으로 가서 "잘 부탁한다."고 인사를 건넸다.

간단히 아침을 먹고 낙타 등에 올라 자세를 잡으니 낙타 몰이꾼이 낙타를 일으켜 세웠다. 말 타는 걸 상상했는데 기우뚱하며 일어서는 낙타 특유의 포즈 때문에 앞으로 고꾸라지는 줄 알았다. 다른 사람들도 놀랐는지 여기저기서 '꺄악' 하는 비명소리가 들려왔다. 걸을 때마다 갸우뚱거리는 낙타 등에 매달려 두어 시간 이동한 후 작은 사막마을에 들러 휴식을 취하고 낙타에게 물을 먹이고는 세 시간 정도를 더 가서 사막의 베이스캠프에 도착했다.

상상했던, 햇빛이 쨍쨍 내리쬐고 모래언덕이 겹겹이 층을 이루고 간간히 모래 바람이 불어대는 건조한, 그런 사막이 아니었다. 곳곳에 풀숲도 있고 자갈밭도 있고 멀리는 집들도 간간히 보였다. 사파리 프로그램 브로슈어에서 보았던 그런 사막이 아니었다. 다른 일행들도 실망한 눈빛이 역력했으나 그나마 모래가 조금 쌓여있는 언덕으로 올라가 사막다운 풍경을 담아보려 애를 쓰고 있었다. 뭔가 속았다는 찝찝한 기분으로 모래바닥에 벌렁 누워 하늘을 마주 보고 있는데 음악소리가 들려왔다. 어디서 왔는지 라자스탄 전통의상을 입은 무용수들이 악사들의 연주에 춤을 추고 있었다. 아마도 우리 같은 사파리 여행자들을 찾아다니며 공연을 보여주고 돈을 받아가는 듯했다. 처음 보는 춤과 노래가 나쁘지 않았는지 여행자들 주머니에서 돈이 술술 나왔.

이번엔 멋진 수염의 할아버지가 익숙해 보이는 나무 항아리를 들고 찾아왔다. 그 안에는 징그러운 코브라가 들어있을 것이 분명했다. 평소에도 뱀이라면 질색을 하는 나는 할아버지를 피해 멀찌감치 도망갔다. 피리소리가 들리자마자 사람들의 박수소리와 함성이 들려왔다. 뱀이 그 징그러운 머리를 내놓고 춤을 추기 시작했나보다. 피리소리가 끝나기를 바라며 저녁식사 준비에 한창인 낙타몰이꾼들에게로 갔다.

짜파티와 달, 감자요리와 옥수수, 이름 모를 야채로 풍성한 저녁이 준비되고 있었다. 한 아저씨가 왜 저 멋진 쇼를 보지 않느냐며 나를 떠밀었다가 뱀이 무섭다는 내 얘기가 뭐가 그리 웃긴지 박장대소를 했다.

어느새 피리소리가 멈추고 저녁식사가 시작되었다. 시장이 반찬인지 아침

• 서른, 여행

에 먹는 둥 마는 둥 했던 사람들도 저녁은 맛있게 먹었다. 식사 시간이 끝나가자 가이드가 혹시 시원한 맥주가 필요하면 말을 하라는 이상한 제의를 해왔다. 그 얘기에 솔깃한 한 여행자가 이런 사막 한 가운데에서 어떻게 시원한 맥주를 먹을 수 있냐고 묻자 자기가 마술을 부리겠다며 먹고 싶은 사람은 "비어Beer"라고 큰 소리로 외치기만 하면 된다고 했다.

몇몇 사람들이 반신반의 하는 심정으로 "비어!"를 외쳤다. 모두들 긴장한 채로 사방을 둘러봤지만 맥주는커녕 물 한 방울도 나타나지 않았다. 가이드는 '비어'를 외친 사람의 어깨를 툭툭 치며 윙크를 하고 사라졌다. 혹시나 기대했던 사람들에게서 안타까운 탄성이 흘러나왔다. '그럼 그렇지, 이 사막 한 가운데서 시원한 맥주라니.' 나는 싱거운 마음을 달래려 짜파티를 한 장 더 가져다가 뜯어먹고 있었다.

그리고 얼마나 지났을까. 저 멀리서 모래 바람을 일으키며 어떤 사람이 달려왔다. 그의 손에는 분홍색 비닐봉지가, 그 비닐봉지 안에는 병맥주가 들려있었다. 심지어 맥주의 표면에는 방금 냉장고에서 꺼내온 것처럼 물방울이 송송 맺혀있기까지 했다.

이쯤 되면 정말 마술이나 다름없었다. 그 이후로 인도아저씨는 '비어' 소리에 몇 번 더 뛰어오셨고, 그때마다 시원한 맥주를 가져오셨다.

저녁식사 시간이 거의 끝나갈 때 즈음 갑자기 사방이 빨갛게 변했다. 사막의 일몰이 시작된 것이다. 산에서, 바다에서, 강에서 수많은 일몰을 보았지만 이렇게 타는 듯한 붉은 빛은 처음이었다. 사막의 해는 땅 위의 모든 것을 빨갛게 물들여 놓았다. 모래, 낙타, 선인장, 그 안에 서있는 나까지 순식간에 빨갛게 변했다. 그 매릭직인 색에 감전된 듯 넋을 잃고 눈으로 점점 작아지는 해를 따라갔다. 지평선 끝에 매달린 해는 마지막으로 온몸을 던져 절규하듯 활활 타오르며 붉은 빛을 토해놓고 사라졌다.

그리고 어느새 어둠과 동시에 추위가 찾아왔다. 숨 막힌 장관을 경험하고는 다리가 풀려 모래에 누워 하늘을 바라보니 이번엔 별들이 까만 하늘을 빼곡하게 수놓고 있었다. 사막에서는 뭐든지 절정을 이루는 듯했다. 석양이 질 땐 온통 사막을 붉게 만들어 버려서 사람을 놀라게 하더니 밤하늘의 별들은 누군가 일부러 조명을 틀어놓은 듯 인공적으로 반짝였다. 아름다움을 넘어서 믿기지 않는 풍경이었다. '이제 이 밤만 보내면 나는 서른이 된다.'고 생각하니 묘한 전율이 일었다.

별들이 반짝 거릴수록 바람이 거세져 베이스캠프로 들어갔지만 간신히 바람만 막아놓은 천막 텐트 안이 따뜻할 리 없었다. 가지고 간 옷들을 모두 껴입고 내 낙타 라쥬 등에 올려두었던 담요까지 가져와 덮었지만 추위를 막아주지 못했다. 그러나 바시쉿의 추위에 비할까. 이 정도 추위쯤은 웃어넘길 수 있는 여유가 생겼다. 얼기설기 엮은 텐트 사이로 반짝이는 별들을 보며 스물아홉의 마지막 밤을 보냈다.

드디어, 서른이다

아침이 밝았다. 추위에 떨다 잠이 들어선지 온몸이 뻐근했다. 낙타몰이꾼들은 식사 준비에 여념이 없었고, 일행들은 아직 잠에서 헤어나질 못했다. 서른의 첫 아침. 이불을 박차고 일어나 태양의 기운을 맞으러 텐트 밖으로 뛰어나갔다. 살짝 젖은 모래의 차가운 감촉마저 기분 좋게 느껴졌다. '아, 드디어 서른이다.'

뭔가 달라진 공기를 느껴보려 폐 깊숙이 숨을 들이켜 봤지만 별다를 게 없었다. 어제도 그제도 똑같았던 공기였고 일상적인 아침이었다. 갑자기 시야가 넓어지거나 인자한 미소가 지어진다거나 없던 주름이 생기거나 안 먹어도 배가 부르거나 하는 이상증상 따위는 없었다.

토스트와 삶은 달걀 등으로 간단히 차려진 아침을 먹고 가이드가 진짜 사막을 보여준다며 데리고 간 약간 넓은 모래언덕을 구경 갔다가 다시 라쥬의 등에 매달려 숙소로 돌아올 때까지도 달라진 건 아무것도 없었다. 어제와 똑같은 하루였는데 그걸 받아들이지 못하는 나만 어색해서 어쩔 줄 모르고 있었다.

아무런 준비 없이 다짜고짜 서른이 주는 의미에만 매달려 있던 내가 아무런 변화를 눈치 채지 못한 건 당연한 일이었다. 왜 그렇게 그 나이에 집착했던 걸까. 무작정 현실에서 벗어나고 싶었던 걸까, 특별한 서른을 맞이하겠다며 떠나온 나는 무엇을 기대했던 걸까. 서른이 되면 무언가가, 정말 막연히 그 무언가

사막은 바람이었다.
사막의 작은 능선을 만드는 것도 바람이고,
해를 끌어내려 사막을 온통 붉게 물들이는 것도 바람이고,
수많은 별들을 밤하늘로 데려다 놓은 것도 바람이었다.
춤추고 노래하는 사막의 악사들도 바람결에 나타났다가
바람결에 사라졌다. 이틀 동안 나를 태우느라 힘들었을 낙타 라쥬도
바람의 소리에만 귀를 기울였다. 사막에서는 나만 외롭고 서글펐다.
바람일 수 없는 나는 그럴 수밖에 없었다.

가 달라져 있을 거란 기대가 여지없이 무너졌다.

스스로가 변하거나 노력하지 않으면 달라지는 건 아무것도 없다. 스물아홉의 마지막 날과 서른의 첫날은 아무런 변화도 없었다. 어쩌면 나는 알고 있으나 모른 체하고 싶었는지 모른다. 삶과 죽음, 혹독한 사회생활과 혼란스러웠던 인생의 갈림길, 포기했던 꿈과 현실과의 타협, 반복되는 일상과 보이지 않는 미래 등으로 얼룩진 우울한 이십대의 끝에서 서른을 평계로 인생을 되짚어 보고 싶었던 것일 게다.

1박 2일간의 낙타 사파리는 생각했던 것보다 시시했지만 사막에서 보았던 석양과 밤하늘의 별과 바람 소리만이 너울너울 춤을 추던 그 고요, 그리고 예상치 못했던 사막의 추위와 생경한 경험들은 특별한 기운을 불어넣어 주는 듯했다. 돌이켜보면 서른, 그것도 새해의 첫날을 사막에서 맞이하게 된 것은 우연이었고 행운이었으며, 축복이기도 했다.

아무런 변화도 없다고 투덜댔던 서른의 시작이 사실은 엄청난 변화의 시작이었던 것을 지금은 알고 있다.

007의 도시, 우다이뿌르

우다이뿌르Udaipur는 1983년 제작된 영화 〈007 옥토퍼시〉의 촬영장소로 유명하다. 당시 제임스 본드였던 로저 무어가 이곳 피촐라Pichola 호수에서 추격신을 찍었다는데 아직도 우다이뿌르는 그때의 추억을 간직하고 싶은 듯 곳곳에 영화의 자취를 남겨놓았다. 그러나 내가 우다이뿌르를 찾은 것은 007 때문은 아니었다. 오래전 영화라 기억도 잘 나지 않는데다가 그때의 추격신을 기억하고 그 장소를 찾아볼 만큼 첩보영화 마니아도 아니다.

햇빛 좋은 남쪽으로 내려가 빨래하기. 우다이뿌르의 방문 목적은 딱 그거 하나였다. 그동안 햇빛을 제대로 볼 수 없거나 물 사정이 좋지 않아서 빨래 한 번 속 시원하게 한 적이 없었는데 내가 여행중인 루트에서 최대 남쪽에 위치한 우다이뿌르는 빨래에 굶주린 내게 딱 좋은 도시였던 것이다. 그리고 몸 어딘가에서 날 괴롭히는 벼룩도 퇴치해야만 했다.

우다이뿌르에 도착하자마자 호수가 보이는 게스트하우스 꼭대기 층에 방하나를 잡고 빨래를 시작했다. 달랑 하나 챙겨온 청바지는 한두 번 빨아서는 때가 빠지질 않았다. 몸에서 떼어놓지 않던 담요와 목도리, 트레이닝복과 양말 등을 죄다 꺼내서 팔이 아플 때까지 빨고 또 빨았다.

빨래 꾸러미를 들고 옥상으로 올라갔다. 햇살에 눈이 부셨다. 그저 날씨가 좋았을 뿐인데 세상을 다 가진 듯 행복감이 몰려왔다. 빨래를 탁탁 털어 널고 미리 널어놓았던 침낭을 걷어 옥상 위에 펼치고 누웠다. 얼마 만에 느껴보는 따뜻한 햇살인지. 문득 빨래를 하겠다고 여기에 온 내가, 날씨가 좋아 빨래 잘 마르겠다며 신나게 빨래를 해치운 내가, 벼룩을 쫓아 버리려고 일광욕을 하고 있는 내가, 낯설게 느껴졌다.

여행을 떠나오지 않았다면 느끼지 못했을 이 모든 것들. 햇빛이 얼마나 고마운지, 물이 얼마나 소중한 것인지, 세탁기 같은 훌륭한 기계가 있어서 얼마나 다행인지, 이런 소소한 행복이 무엇인지 나는 알 수 있었을까. 빨래에서 뚝뚝 떨어지는 물방울들을 보고 이렇게 웃게 되리라고는 상상해본 적도 없다.

평범한 일상들이 길 위에선 조금 더 특별해진다. 그래서 사람들은 그렇게 여행을 좋아하는 걸까? 지치고 힘들기만 했던 일상을 떠나 그것들이 얼마나 아름답고 행복한 일이였는지를 객관적으로 볼 수 있게 해주고 다시 그곳으로 돌아갈 수 있도록 힘과 용기를 북돋아주는 일, 그것 또한 여행의 몫이리라.

칼국수와 닭볶음탕이 유명하다는 드림헤븐 레스토랑을 찾아 닭볶음탕을 주문해놓고 오는 길에 사온 엽서 몇 장을 꺼냈다. 오늘도 빨래를 하고 있을 엄마에게 따뜻한 햇살과 끊임없이 나오는 수돗물이 얼마나 고마운지 나도 이제 빨래의 맛을 알게 되었다고 한 줄 적고, 보고 싶은 친구들에게는 내가 얼마나 단순해졌는지 그러나 단순해지는 만큼 긍정적으로 변하고 있으니 걱정 말라고 한 줄 적고, 내가 떠나온 일상에게는 잘 기다리고 있으라고, 돌아가면 예전과 같지 않을 거라고 적었다.

007의 도시 우다이뿌르. 제임스 본드가 첩보원이 아니라 단순한 장기여행자였다면 이곳이 쫓고 쫓기는 숨 막히는 추격의 장소가 아니라 밀린 빨래를 하고 일광욕을 하며 쉬기에 얼마나 좋은 도시였는지 알았을 텐데. 하긴, 그러기엔 매력적인 본드걸이 넘쳐나고 제임스 본드는 세계평화를 지키기에 너무 바쁘니까.

• 서른, 여행

마음을 놓고 싶을 땐 푸쉬카르로 가세요

여행중에는 게스트하우스나 식당에 놓여 있는 방명록이 유용하다. 맛있는 식당, 저렴하고 깨끗한 게스트하우스, 가볼 만한 곳에 관한 최신 정보가 가득하기 때문이다. 우다이뿌르에서 다음 행선지인 자이뿌르Jaipur에 관한 정보를 얻기 위해 작은 레스토랑에서 방명록을 훑어보다가 눈에 띄는 문구를 발견했다. '인도 여행에 지치셨나요? 마음을 놓고 싶을 땐 푸쉬카르로 가세요.'

푸쉬카르Pushkar는 낙타 사파리로 유명한 곳이었다. 이미 자이살메르에서 낙타 사파리를 경험했기 때문에 푸쉬카르는 그냥 건너뛸 셈이었는데, 누군가가 남긴 한 줄 메모에 이상하게 자꾸 마음이 끌려 무작정 푸쉬카르로 행선지를 돌렸다.

푸쉬카르에 도착하자마자 그 말의 의미를 조금은 알 것 같았다. 푸쉬카르는 마을 전체가 성지인 까닭에 오토릭샤, 오토바이, 차량 등 엔진을 사용한 일체의 탈 것들이 허용되지 않았다. 인도에서 매연 냄새와 빼곡한 차량 행렬을 빼놓으면 무엇이 남을까 싶을 정도로 어디를 가나 가득한 매연과 차량이 혼을 빼놓았는데, 이곳은 매연은커녕 숨 쉬기 버거울 정도로 공기가 너무 깨끗했다. 가끔 지나다니는 자전거를 제외하고는 모든 사람들이 도보로 마을을 행보하고 있었다. 일단 오토릭샤와 흥정을 하지 않아도 된다는 생각만으로도 마음이 놓였다.

호수가 보이는 근사한 곳에 가격도 저렴하고 깨끗한 게스트하우스를 구하고 일몰이 근사하다는 푸쉬카르 호수의 자이뿌르 가트 Jaipur Ghat로 내려갔다. 유독 외국인여행자들이 눈에 많이 띄었다. 자유와 평화를 사랑하는 히피들이 푸쉬카르에 장기로 많이 머문다는 얘기를 어디선가 들은 적이 있는데 머리 모양이나 복장이 그들을 얘기하는 것 같았다.

가트의 계단에 앉은 사람들은 일몰을 기다리며 따뜻한 햇살을 즐기고 있었다. 인도의 악사들은 연주와 노래를 하고 흥에 겨운 여행자들은 그 소리에 맞춰 춤을 췄다. 긴 레게머리를 풀어헤친 외국인여행자는 요가를 하는지 이상한 포즈로 사람들의 눈길을 끌고 젊은 인도 총각들은 여성 여행자들에게 계속 추파를 던졌다. 그들은 여행자들 사이에 '푸쉬카르 패스포트'라고 불리는 붉은 색실을 손목에 감아주며 터무니없는 기부금을 요구했는데 그 때문에 가트 곳곳에선 실랑이가 벌어지기도 했다.

그들은 급기야 그 추태를 계속 주시하고 있던 나에게까지 와서 "푸쉬카르는 신성한 곳이다. 기도를 하면 네 소원을 이룰 수 있다. 함께 기도를 하자."며 뿌리칠 새도 없이 내 손목에 붉은 색 실을 감고 옆에 앉았다. 이제부터 자신이 하는 말을 따라하며 함께 기도를 해야 한다고 했다. 인도청년은 "나는 신을 믿습니다."라고 말하고 내 순서를 기다렸다. 나는 터져 나오는 웃음을 간신히 참으며 청년의 말을 따라했다. "나는 신을 믿습니다." 청년은 이어 기도문 몇 마디를 외웠고 나는 순순히 그의 말을 따라했다. 그러나 "나는 100달러를 기부하겠습니다."라는 기도문에서는 차마 웃음을 참을 수가 없어 정신없이 웃어 젖혔다. 정신을 똑바로 차리지 않았다면 꼼짝없이 따라할 뻔했다. 큰 눈을 끔뻑이며 날 주시하고 있던 청년은 기도할 때는 웃으면 안 된다고 주의를 주더니 다시 기도문을 외우기 시작했다. "나는 100달러를 기부하겠습니다."라는 말에 "나는 10루피를 기부하겠습니다."라고 바꿔서 얘기했더니 고개를 절레절

레 흔들며 그러면 소원이 이루어지지 않는다고 으름장을 놓았다. 절대로 따라 하지 않는 내게 급기야 '100달러를 내면 신께서는 내일 아침식사를 무료로 제공해준다' 는 어이없는 제안을 했다가 그나마 꺼내놓았던 10루피마저 주머니로 들어가자 내게는 통하지 않을 것처럼 보였는지 포기하고 사라졌다.

일몰이 시작되면서 가트의 분위기는 달아올랐다. 사막의 석양을 경험했던 터라 강렬함은 덜 했지만 잔잔한 호수에서 바라보는 일몰도 꽤 운치 있었다. 그렇게 해가 지고 어둠이 깔리자 곧 달이 떠올랐다. 호수 안에도 똑같은 달이 잠겼는데 그 모습이 너무 예뻐 사진기를 들이밀다가 이내 관뒀다. 보고 싶을 때마다 꺼내보기 위해선 눈으로, 마음으로 새기고 담아둬야 한다.

푸쉬카르에서 머문 3일 동안 내가 한 일이라고는 걷고, 가트에 앉아 책을 읽고, 공연을 보고 일몰을 본 게 전부다. 무언가에 쫓기듯 이동했던 인도에서 처음 맛보는 휴식다운 휴식이었다. 급할 게 뭐가 있다고 마음을 붙이지 못하고 그렇게 떠돌았던 걸까. 인도가 싫고 인도사람이 싫다며 투덜거리기만 했던 내게 '생각했던 것처럼 행복한 여행이 아니어서 싫고, 좋은 것만 기대했던 네가 싫었던 것은 아니었나?' 되물었다.

사실 그랬다. 나는 떠난다는 사실에만 급급해 여행중에 겪어야 할 모든 일에 대해서 미처 준비를 하지 못한 상태였다. 게다가 서른을 맞이한다며 마냥 들떠있던 철없는 여행자를 -국민의 반이 철학가이며 사기꾼이며 수행자인 - 인도가 따뜻하게 맞아줄 리가 없었다.

나는 푸쉬카르에서 쉬는 동안 간략하게나마 이동루트를 적어 두었던 메모지를 가방에 넣고 마음이 이끄는 소리에 집중하는 연습을 했다. 나를 믿고 내 느낌을 믿고 내 선택을 믿는 연습. 나를 이곳까지 이끌었던 한 줄의 메모를 기억하며.

'인도 여행에 지치셨나요? 마음을 놓고 싶을 땐 푸쉬카르로 가세요.'

예정에 없던 대로 우연히 그렇게

바라나시로 가기 위해 보팔 Bhopal 버스스탠드에서 버스시간표를 보며 이동 시간을 계산하고 있는데 옆에 앉은 아저씨가 말을 건네 온다.
"어디 가?"
행색을 보아하니 릭샤왈라나 여행사 직원은 아닌 것 같았다. 아저씨는 바라나시에 간다는 내 말이 떨어지기가 무섭게 대뜸 가까운 데 좋은 곳 있으니 들렀다 가라고 하셨다. 왜 나는 그 말이 그렇게 재밌게 들렸을까? 한참을 배를 잡고 웃다가 아저씨의 순수한 호의가 느껴져 버스시간표에서 눈을 떼고 아저씨에게로 돌아앉았다.
아저씨는 '산치 Sanchi'에 대해 입이 닳도록 칭찬을 했다. 조용하고 아름다우며 나무가 많고 차들이 없어 공기가 맑아 아마 인도의 마을 중에서 가장 멋진 곳일 거라고 자랑을 늘어놓았다. 산치, 한번도 들어본 적 없는 이름이었다. 얼른 가이드북에서 산치를 찾아봤는데 인도의 가장 대표적인 불교 유적지라는 얘기 말고는 별다른 설명이 없었다.
아저씨는 자신의 버스가 왔다고 자리에서 일어났다. 당연히 아저씨의 행선지도 산치이고 그래서 그곳을 추천해주는 거라 생각하고 있었는데 아저씨가 떠나버리자 뭔가 확신에 찬 기대감이 몰려왔다.
'그래, 믿어보자. 버스로 두 시간 거리에 있으니 갔다가 정 아니면 되돌아오면 되지.' 라는 생각으로 산치행 버스티켓을 끊었다. 아직 출발하지 않은 버스에 앉아있던 아저씨는 나를 발견하고는 산치는 자신의 고향이기 때문에 누구보다도 잘 아니 걱정하지 말고 즐겁게 지내다오라며 마지막 인사말을 남기고 떠나셨다.

현지 사람 말만 믿고 계획에도 없던 도시를 방문하게 됐지만 불안한 마음보다 설레는 마음이 훨씬 앞섰다. 이런 것 또한 여행의 묘미 아니겠는가.

두 시간이 조금 안 돼 도착한 산치는 정말 작은 마을이었다. 버스에 내려 게스트하우스를 찾아가는 동안 나를 내려준 버스 외에는 한 대의 차량도 볼 수가 없었다. 차도 옆으로 길게 늘어선 나무들과 아담한 집들이 옹기종기 모여 있는 산치는 아저씨의 말대로 소박하고 아름다운 곳이었다. 버스스탠드에서 멀지 않은 곳에 저렴한 도미토리를 구하고 집주인에게 야채볶음밥을 부탁해 점심을 해결하고 동네 산책에 나섰다.

인적 뜸한 동네에 오랜만에 여행자가 나타나서 그런지 사람들의 시선이 온통 내게 쏠렸다. 멀리서 한 무리의 아이들이 자전거를 타고 몰려오는 것도 보였다. 어디를 가든 나는 아이들에게 인기가 좋은 편이다. 만만해 보이는 외모 때문이겠지만 나 역시 아이들을 좋아해서 그렇게 몰려드는 아이들이 싫지가 않았다. 달리기 시합도 하고 사진을 찍어 같이 보고 이름을 묻고 웃음을 나누니 아이들과 금방 친구가 되었다. 스투파Stupa를 구경하러 간다는 내게 아이들은 서로 자신의 자전거를 내어주며 이곳에 머무는 동안 써도 좋다고 했다. 걷는 것을 좋아한다며 거절을 했는데도 몇 번이나 내게 와서 "노 프라블럼"이라며 건네는 자전거를 뿌리치느라 한참을 아이들과 함께 걸어야 했다.

오랜만에 맑은 공기를 마시며 숲길을 걷고 있으니 버스스탠드에서 잠깐 스친 인연이 떠오른다. 무작정 의심하고 듣지 않았다면 이런 호강은 누리지 못했을 테다. 언제 마음을 열고 닫아야 하는지 여행이 길어질수록 점점 헷갈린다.

땀이 흐를 만하니 눈앞에 웅장한 스투파가 모습을 드러냈다. 스투파에는 불교와 관련한 다양한 조각들이 새겨져 있었다. 산치의 모든 유적은 유네스코 세계문화유산에 등재돼 있을 정도로 정교하고 깨끗하게 잘 보존되어 있었는데, 유적의 규모나 명성에 비해 관광객이 거의 없었다. 덕분에 한곳에 몰려 있는 유적지를 쉬엄쉬엄 산책하듯 둘러봤다. 구름 하나 없이 맑고 깨끗한 파란 하늘에 간간히 땀을 식혀주는 시원한 바람이 부니 절로 콧노래가 나온다.

내려오는 길에 아이들을 다시 만나 함께 걷다가 아이들 중 한 명의 아버지가 운영한다는 노점 땅콩가게에 들러 아저씨와 함께 땅콩을 볶았다. 그 모습이 신기했는지 몰려드는 사람들에게 땅콩을 제법 팔아드렸더니 아이도 아빠도 싱글벙글 웃음이 끊이질 않았다. 선물로 주신 한 줌의 땅콩을 먹으며 근처 레스토랑으로 갔다. 자신의 이름을 딴 고팔 레스토랑. 음식은 솔직히 형편없었지만 주인아저씨가 너무 친절하셨다. 주방 사용료를 내고 가지고 있던 라면도 끓여먹고 아저씨께 닭볶음탕 만드는 법도 전수해줬다. 메뉴판을 한글로 만들어 달라는 말에 정성스럽게 만들어 드리고 왔는데, 아저씨는 아직도 그 메뉴판을 사용하고 계실까.

좋은 사람들 덕분에 아무 걱정 없이 편하게 쉰 하루. 인도는 정이 떨어지다가도 다시 생기고, 다시는 오기 싫다가도 한 번 더 뒤돌아보게 하는 묘한 매력이 있다. 어쩌면 그건 인도만이 아니라 모든 길이, 인생이, 사람이 가진 매력이리라.

불편한 영혼의 도시, 바라나시

기차 안에서 사람들에게 얼마나 시달렸는지 바라나시Varanasi에 도착했을 땐 체력이 바닥 나 있었다. 분명히 내 이름으로 예약된 자리인데 비켜주지 않는 사람들 때문에 한 시간이 넘게 실랑이를 했다가 한두 명씩 앉혀주기 시작했더니 어느새 일곱 명씩이나 자리를 잡고, 잘 시간이 되어 겨우 다리를 뻗고 누우면 삼삼오오 몰려와 뚫어지게 얼굴을 쳐다봤다. 처음엔 눈을 뜨면 안 본 척 고개를 돌리더니 몇 번 같은 상황이 연출되니 익숙해졌는지 이젠 시선을 피하지도 않고 나와 눈을 맞췄다. 잠들만 하면 울어대는 아이의 울음소리와 군것질과 각종 잡화를 파는 상인들, 버젓이 열차 내에서 담배를 피워대는 사람들 통에 쏟아지는 잠을 해결하지 못하고 시체처럼 누워만 있었다. 왜 잠을 못 자게 하는 것이 고문의 한 방법인지 새삼 느끼게 되는 시간이었다.

산치에서 보팔, 잔시를 거쳐 바라나시까지 스물 네 시간 넘게 이동을 하면서 한숨도 못 자고 밤을 새웠다. 비몽사몽간에 도착한 바라나시의 다샤스와메드 가트. 감동을 느낄 새도 없이 초인적인 힘을 발휘해 게스트하우스를 찾고 그날은 온종일 잠만 잤다. 여행경비와 시간을 좀 아껴보겠다고 야간 침대 기차를 이용했는데 오히려 하루를 이렇게 버렸으니 더 낭비한 꼴이 되어버렸다.

다음날, 아침 일찍 일어나 숙소에서 무료로 운영하는 보트 투어에 참가했다. 화장 의식을 하는 가트로 유명한 마니까르니까 가트Manikarnika Ghat도 보이

고 매일 밤 의식을 행하는 메인 가트인 다샤스와메드 가트도 보였다. 강가를 따라 늘어선 수많은 가트에선 기도를 하고 빨래를 하고 용변을 보고 설거지를 하고 그 물을 마시고 담기도 했다. 수많은 여행 프로그램과 다큐멘터리에서 다루어졌던 바나라시의 풍경. 그것은 내가 익히 보고 상상해왔던 모습 그대로였다. 좁은 뱅갈리 토라Bengaali Tora를 활보하는 소들도, 가트에 앉아 명상을 하는 수행자들의 모습도, 시신이 다 타들어가 하나씩 툭툭 떨어지는 장면도 이미 봐왔던 풍경인 듯 머릿속에 각인이 되어 있었다.

가이드북과 각종 여행 서적에선 바라나시에 가면 인생에 대해서 다시 생각해보게 되고 삶을 반성하게 되며 인간과 존재에 대한 그 무언가를 반드시 느껴야하는 것처럼 쓰여 있어 거부감이 일었던 참인데 마침 인도사람들에게 너무 지쳐있던 터라 모든 게 다 그저 그렇고 짜증스러워 보였다. 날씨는 또 왜 그렇게 추운지 그저 하루 빨리 이곳을 벗어나고 싶은 생각뿐 이었다. '어서 빨리 네팔로 가자. 그곳이라면 덜 하겠지.'

나는 온종일 나를 따라다니면서 호객행위를 하는 보트맨들을 피하고, 양초를 사서 강물에 띄워 소원을 빌라는 아이들을 피하고, 마리화나 하시시를 외치며 집요하게 따라 붙는 잡상인들을 피해 바라나시를 제대로 느낄 새도 없이 떠났다.

-며칠 후 어쩔 수 없이 다시 바라나시로 가야할 일이 생기지 않았다면 내게 바라나시는 떠올리기만 해도 짜증이 밀려오는 피곤한 도시였을 것이다. 두 번째 방문한 그곳은 그렇게 급하게 떠난 나를 원망하듯 전혀 다른 모습으로 기다리고 있었다. -

내게 찾아온 행운의 보리수 나뭇잎

바라나시는 수많은 위험이 도사리고 있는 곳이라 해가 지면 숙소에서 나오지 말라고 했는데 기차 시간 때문에 어쩔 수 없이 새벽 세 시에 일어나 기차역으로 향했다. 생각보다 밝은 달빛 덕분에 길을 걷는 것은 수월했지만, 미로 같은 골목길에서 갑자기 불쑥불쑥 나타나는 인도사람들과 커다란 소 때문에 여러 번 가슴을 쓸어내려야 했다.

새벽이라 교통수단이 없지 않을까 하는 우려와는 달리 운 좋게 지나가는 사이클릭샤를 잡아 예약해 둔 기차 시간 내에 바라나시 역에 도착할 수 있었다. 플랫폼을 확인하고 삼십 분 정도를 기다리니 기차가 도착했다.

보드가야Bodhgaya는 고타마 싯다르타, 붓다가 깨달음을 얻은 도시로 불교의 4대 성지 가운데 하나여서 항상 수많은 여행자들로 북적이는 곳이다. 게다가 그때는 달라이 라마가 방문하는 시기여서 더욱 더 많은 여행자들이 몰려들고 있다는데, 나도 혹시나 그를 볼 수 있지 않을까 하는 기대에 보드가야로 가는 길이다. 불교 신자는 아니지만 얼굴을 보기만 해도 공덕이 쌓인다는 그를 멀리서나마 볼 수 있다면 '서른맞이 여행'에 커다란 추억이 될 것 같았다.

보드가야에 도착해 숙소에 짐을 던져놓고 달라이 라마가 온다는 티베트 사원으로 달려갔다. 한 시간쯤 지났을까? 까만 승용차가 멈춰서더니 그 안에서 정말 달라이 라마가 내렸다. 멀리에서도 그의 인자한 미소가 확연히 드러났

• 서른, 여행

다. 붉은 승복을 입은 그에게서 환한 기운이 느껴졌다. 신변보호를 위해 보디가드들이 그를 감싸기 전까지 아주 짧은 시간이었지만 정말 그의 얼굴을 보고 나니 공덕이 쌓이는 듯 마음이 편해졌다. 기차에서 만나 동행하게 된 '잔넬'은 믿을 수 없다며 기쁨의 환호를 질렀고 나도 괜스레 흥분되는 마음을 감출 수가 없었다. 우리는 티베트 천막 식당으로 가서 모모(티베트 만두)와 뗌뚝(티베트 수제비)을 먹고 달라이 라마가 말씀을 전한다는 사원으로 이동해 그를 다시 한 번 보기로 했다.

사원은 발 디딜 틈 없이 수많은 인파로 북적였다. 이 틈을 비집고 들어가는 건 무리일 뿐이거니와 그의 얼굴만 보고 공덕을 쌓으려는 나 같은 얄팍한 여행자가 그 안으로 들어가는 건 불심에 가득 차 있는 그들에 대한 예의가 아니라는 생각이 들어 그가 지나치는 길가에 자리를 잡고 있었다. 그리고 그날 사원으로 들어가는 그의 얼굴을 보고 잔넬과 헤어져 마하보디 사원 Mahabodhi Temple 으로 이동하는 길에 너무 가까운 거리에서 정말 우연히 그를 또 한 번 보았다.

얼굴만 봐도 공덕이 쌓인다는 달라이 라마를 하루에 세 번이나 본 셈이니 내가 쌓은 공덕은 삼층석탑을 쌓고도 남음이 아니겠는가. 괜히 으쓱한 마음에 온화한 미소를 지으며 붓다가 깨달음을 얻었다는 마하보디 사원으로 들어갔다.

넓은 사원은 수행하는 승려와 여행자들로 북적였다. 많은 사람들이 불경소리에 절을 올리고 있었는데 어찌나 그 모습이 경건한지 행여 내 발소리가 방해가 되지는 않을까 염려하며 조용히 사원을 거닐었다. 사원 곳곳에 다양한 국적의 사람들이 모여 참선을 하거나 염주를 한 알 한 알 넘기며 기도에 열중하고 있었다.

나는 붓다가 깨달음을 얻었다는 보리수나무를 찾아갔다. 다른 곳에선 고개를 숙이며 절을 하거나 기도를 했는데, 이곳에 있는 사람들은 고개를 들고 하늘만 바라보고 있었다. 그러다가 나뭇잎이 떨어지기라도 하면 서로 나뭇잎을 차지하려고 우르르 몰려들었는데, 장소가 장소인지라 몸싸움을 벌인다거나 시끄러운 언쟁이 오가지는 않았다. 나뭇잎을 얻은 사람은 행복한 표정으로 주위 사람들의 축하를 받으며 자리를 떠났고, 아깝게 기회를 놓친 사람은 떠나는 그를 부러워하며 다시 하늘을 향해 고개를 치켜들었다. 나도 그들 사이에 자리를 잡고 앉았다. 나뭇잎을 얻기 위해서가 아니라 온종일 달라이 라마를 보기 위해 서 있어야 했던 다리를 쉬게 할 참이었는데, 모두들 보리수나무만 쳐다보고 있으니 나도 그들을 따라 저절로 하늘을 향해 고개를 젖히게 되었다.

그때, 나뭇잎 하나가 바람을 타고 내려오기 시작했다. 사람들은 착지가 예상되는 곳에 우르르 몰려갔다가 방향을 틀면 또다시 그쪽으로 달려갔다. 자그마한 나뭇잎을 따라 우왕좌왕하는 사람들의 모습이 재미있으면서도 여기 갔다가 저기 갔다가 자기 마음대로 떨어지는 나뭇잎을 보며 저걸 줍는다는 건 대단한 행운이 필요하겠구나 싶은 생각이 들었다. '과연 이 나뭇잎의 행운의 주인공이 누가 될까?' 흥미진진하게 지켜보고 있는데, 갑자기 나뭇잎이 방향을 틀더니 내 쪽으로 날아와 내 오른쪽 무릎 위에 살포시 내려앉았다.

사람들은 안타까운 탄성을 짧게 내뱉으며 자리로 돌아갔고 나는 이게 무슨 일인가 싶어 나뭇잎을 들어 이곳저곳을 살펴보았다. 내 옆자리 아저씨는 아침부터 와서 기다리고 있었는데 넌 정말 운이 좋다며 엄지손가락을 연신 치켜세웠다. 아, 이것은 전부 달라이 라마 덕분에 쌓게 된 공덕 때문이 아닐까. 나는 망설임 없이 나뭇잎을 옆자리 아저씨께 양보했다. 아저씨는 몇 번이고 정말이냐고 되물으시더니 내 손을 꼭 잡고 고개 숙여 인사를 하며 자리를 뜨셨다. 불교 신자에게는 붓다가 깨달음을 얻었다는 보리수 나뭇잎이 큰 기념이 되겠지만 이미 엄청난 공덕을 쌓은(?) 나로서는 의미 없는 나뭇잎일 뿐. 갖고 싶은 사람에게 양보하는 게 당연했다.

그런데 또다시 나뭇잎이 내게로 왔다. 이미 양보한 걸 본 사람들은 내게 달

려와 자신이 얼마나 오래 이 나뭇잎을 기다렸는지 얘기하고 자신이 안고 있는 아이에게 나뭇잎을 줘야 한다며 아이를 들이밀기도 하고, 백발이 다 된 할머니는 내게 머리를 조아리며 알아듣지도 못하는 말로 내게 얘기하기 시작했다.

두 번째 나뭇잎마저 내게 떨어지니 이게 무슨 운명인가 싶어 잠깐 욕심이 났지만 나는 재빨리 할머니 손에 나뭇잎을 전해주고 다시 자리에 앉았다. 이제 몇 사람의 시선은 하늘로 뻗은 나무가 아닌 내게 향해 있었다. 자리를 바꾸고 싶어하는 아저씨에게 자리까지 양보하고, 나는 그냥 조용히 눈을 감고 앉아 휴식을 취했다.

그리고 숙소로 돌아가기 위해 자리에서 일어선 순간, 머리 위로 뭔가 떨어지는 느낌이 들었다. 나뭇잎이었다. 나만큼이나 그 자리에 있는 다른 사람들도 신기해하는 눈치였다. 나는 가방에서 카메라를 꺼내들어 이 묘한 순간과 나뭇잎을 담았다. 그리고 날 지켜보고 있는 사람들에게 시선을 돌리니 모두 '세상에서 이 나무이파리가 제일 갖고 싶다.' 는 표정으로 나를 바라보고 있었다.

세 번씩이나 나뭇잎이 내게 온지라 살짝 갖고 싶은 마음이 들었지만 나보다는 몇 배는 더 할 그 사람들의 마음을 헤아려 내가 있던 자리에 나뭇잎을 내려놓고 사원을 서둘러 나왔다. 누군가가 가져갔겠지만 뒤돌아보지 않았다. 고개를 숙이며 고맙다고 인사를 받는 것이 편하지가 않았기 때문이다.

어쨌거나 숙소로 돌아오는 길 내내 내 마음은 뜨거웠다. 착한 일을 하고 나서 엄마한테 칭찬받으러 가는 아이의 느낌이랄까. 별건 아니었지만 무언가를 양보하고 착한 일을 했을 때 살짝 가슴이 뜨거워지는 이 느낌이 싫지 않았다. 내가 만약 그 보리수 나뭇잎을 한국에 가져와 코팅을 하고 바라보고 있었던들 이런 뜨끈한 마음을 느끼지는 못했을 것이다. 보드가야는, 붓다는, 보리수나무는 내게 소유보다는 나눔의 기쁨을 가르쳐주려 했나보다. 그런데 어쩌자고 보리수 나뭇잎은 내게 세 번이나 떨어졌던 걸까?

칙칙폭폭 달려라, 토이트레인

뉴 잘패구리에서 다르질링까지는 유네스코 세계문화유산으로 지정된 토이트레인을 타기로 했다. 다르질링의 차 tea 를 효과적으로 운송하기 위해 1881년에 만든 이 작은 협궤열차는 레일의 너비가 고작 61cm 정도일 만큼 작고 귀여운 증기열차다. 속도가 무지하게 느리다는 단점이 있긴 하지만, 어디 쫓기는 신세도 아니고 인도의 마지막 길이니 천천히 즐겨보자는 심산으로 가뿐히 열차에 올라탔다.

얼마나 긴 시간 동안 이동하는지 제복을 입은 사람이 직접 도시락을 주문받으며 열차 안을 분주히 돌아다녔다. 마땅히 사놓은 간식거리도 없고 어떤 도시락인지 궁금하기도 해서 도시락 주문서에 내 이름을 올려놓고 기차가 출발하기만을 기다리고 있는데, 오래 지나지 않아 주문을 받은 아저씨가 비닐봉지에 쌓인 도시락을 전해줬다. 차갑게 식은 짜파티 세 장과 몇 가지 볶은 나물, 감자요리와 물 한 병이 고작이고 그나마도 비닐봉지에 둘둘 말아 죄다 섞여버린 도시락이었지만 칙칙 소리를 내며 출발하는 작은 기차 안에서 한가히 먹으니 맛이 없을 수가 없었다.

기차는 작은 집들 사이를 아슬아슬하게 지나고, 숲을 지나고, 마을을 지나고, 개울을 지났다. 어쩔 땐 철도가 집들과 너무 가까이 붙어있어 집안이 훤히 보이기도 했는데 눈이 마주칠 때마다 손을 흔들어 주기도 하고, 잠시 멈춰 서

있을 땐 자신이 먹고 있는 것을 나누어주기도 했다. 이 앙증맞은 꼬마열차는 인도와 인도사람들에게 얼어붙은 내 마음을 풀어주기라도 하려는 듯 자꾸 소박한 인도의 아름다움과 따뜻한 사람들 사이로 나를 이끌었다.

시내를 벗어난 기차가 히말라야 숲으로 들어가기 시작했을 땐 아름다운 풍경에 넋이 나가 위험한 것도 모르고 기차 문에 아슬아슬하게 매달려가기도 했다. 선로를 이리저리 바꾸며 때로는 깎아지른 절벽을 때로는 울창한 숲속을 달리는 작은 기차가 너무 기특하고 신기해 여기저기 돌아다니며 사진을 찍고 멋진 풍경을 가슴에 담아내느라 분주했다.

기차는 시커먼 연기를 뿜어내며 느리지만 힘차게 히말라야 능선을 타고 다르질링으로 향했다. 해발이 높아질수록 기온이 급격히 떨어져 점퍼의 단추를 채우고 목도리를 동여맸지만 낡은 기차 사이사이로 들어오는 찬바람을 막기에는 역부족이었다. 급기야 침낭을 꺼내 뒤집어쓰고 어서 빨리 목적지에 도착하기만을 기다렸다.

출발한 지 열 시간이 훌쩍 넘어서야 드디어 다르질링에 도착했다. 워낙 느리게 움직이는데다가 반대편에서 차가 올 때 잠시 멈춰서기도 하고 고장이 나서 수리를 하느라 오랜 시간 지체하기도 했는데, 기차 안에서 바라보는 히말라야 풍경이 눈물 나도록 아름다워 어떻게 그 긴 시간이 지나갔는지도 몰랐다.

역내로 기차가 들어오자 사람들이 몰려들었다. 시간이나 일정이 맞지 않아 토이트레인을 놓친 사람들이 기차 밖을 둘러보고 직접 올라타기도 하며 기념사진을 찍기 위해 분주히 움직였다. 그러나 이 인기 좋은 꼬마열차의 운행을 두고 정작 인도 정부는 고민이 많다고 했다. 운송수단으로서의 의미가 퇴색한 지 오래고, 너무 느린 이동시간으로 관광객들에게도 환영받지 못하니 유지하기가 만만치 않기 때문이다.

여행자의 입장에서는 토이트레인이 영원히 히말라야를 누비며 여행자들에게 감동을 전해주면 좋겠다. 손을 뻗으면 닿을 듯 가깝던 창밖의 풍경들과 탄성이 절로 나오던 숲속의 풍광들을 오래오래 그리고 조금 더 많은 사람들이 느꼈으면 하는 바람이다. 언제가 마지막이 될는지 모르지만 꼬마기차 토이트레인, 달리는 동안에는 칙칙폭폭 신나게 달려라.

누군가의 행복을 비는 첫 번째 기도

다르질링 역에 도착한 나는 언 몸을 녹이기 위해 역 앞에 제일 먼저 눈에 띈 카페로 뛰어 들어갔다. 카페 내부는 여러 종류의 이름표를 단 홍차들로 가득 차 있었고 메뉴판 빽빽이 홍차 메뉴들이 적혀 있었다.

홍차를 그다지 좋아하지 않는 나도 다르질링하면 홍차가 떠오를 만큼 인도의 다르질링은 홍차로 유명한 곳이다. 마을 곳곳에 홍차를 판매하는 상점이 들어서 있고 어디서든 시선을 아래로 향하면 차밭을 볼 수 있었다. 세계에서 세 번째로 높은 칸첸중가 Kanchenjunga 봉우리와 장관을 이루는 드넓은 차밭은 수많은 관광객들을 다르질링으로 불러들였다.

종업원에게 추천받은 홍차를 한잔 시켜놓고 몸을 녹이고 있으니 불현듯 마날리가 떠올랐다. 그때처럼 폭설이 내리지는 않았지만 고지대의 생경한 칼바람은 마날리의 매서운 추위를 떠올리게 했다. 얼른 홍차를 비워내고 근처 여행사로 가서 네팔로 가는 교통편을 알아봤다.

"지금 네팔에서 내전이 일어나서 국경 상황이 좋질 않아요. 언제 다시 국경으로 가는 버스를 운행하게 될지 모르겠어요."

2005년 2월, 군주제인 네팔은 국왕의 오랜 독재정치로 몸살을 앓고 있는 중이었다. 정부와 마오이스트 Maoist들의 대립으로 많은 사상자들이 생기고 도로 곳곳이 통제됐다. 국내 사정에 따라 강화될 수밖에 없는 국경수비는 더욱 민감

• 서른, 여행

한 상태였다.

그래도 여기까지 와서 네팔을 포기할 수는 없었다. 가까운 곳에 숙소를 구하고 네팔의 국경이 열리기를 기다리기로 했다. 난방장치 없는 게스트하우스에서 추위와 씨름하며 매일 아침마다 여행사에 들러 네팔의 국경 상황을 체크했다. 소름끼치는 추위와 지루한 기다림으로 지쳐가던 사흘째 아침, 드디어 여행사에서 연락이 왔다. 기쁜 마음으로 달려갔더니 생각보다 네팔 상황이 좋지 않아 당분간 국경버스를 운행하지 않을 거라는 절망적인 소식을 전해주었다. 하루 이틀이 될지, 일주일 아니면 한 달이 걸릴지 모르는 상황에서 무작정 기다릴 수는 없었다. 숙소에 돌아와 지도를 펴고 일정을 다시 체크했다. 여행을 시작한 후 처음으로 맞이한 고비에 머리가 복잡해졌다.

네팔에서 의사로 일하다가 인도로 넘어와 게스트하우스를 꾸리고 있는 주인은 심란한 얼굴로 고민하는 내게 타이거 힐 관광지도를 넘겨줬다.

"그만 고민하고 내일 새벽에 출발하는 타이거 힐 일출이라도 구경하지 그래. 이곳까지 와서 그거 안 보고 가면 후회할거야. 그리고 내일 결정하라고. 일출을 보고 나면 한결 기분이 나아질 거야."

그리고 내 옆자리에 앉아 자신이 태어나고 자란 네팔의 이야기, 의사가 되기까지의 힘든 과정, 불안한 네팔 정세와 국왕의 독재정치, 의사로서도 살기 어려운 네팔 사회와 모든 것을 포기하고 가족들과 함께 인도로 올 수 밖에 없었던 사연을 차분하게 얘기해주었다. 가고 싶은데 갈 수 없는 여행자인 나와 가고 싶어도 갈 수 없는 그에게 네팔은 같은 안타까움이었지만 그리움의 깊이는 달랐을 것이다. 더 이상 그 앞에서 실망스러워할 수만은 없었다. 장작이 활활 타오르는 난로 옆에서 몸을 데우며 그의 말대로 내일 아침 타이거 힐에서 일출을 보고 생각을 다시 정리하기로 했다.

새벽 3시 30분, 방문을 두드리는 소리에 잠이 깨 게스트하우스 주인과 다른 일행 세 명과 함께 타이거 힐로 향했다. 비몽사몽간에 구불거리는 도로를 끝도 없이 달리니 멀미가 날 지경이었다. 막 토악질이 시작될 무렵 아무것도 보이지 않는 깜깜한 산 위에 도착했다. 아무것도 나오지 않는 헛구역질을 몇 번 하고 나서 하늘을 올려다보았다. '이런 밤하늘을 어디에서 봤더라.'

  선명하지는 않지만 아련하게 밤하늘을 품고 있는 투명한 검은 빛, 땅 위의 불빛보다 더 반짝이지 않는 별빛, 구름에 가려져 보였다가 안 보이기를 반복하는 가느다란 달. 마날리와 맥그로드 간즈, 산치에서도 보았던 익숙한 밤하늘이었다. 나는 새까만 하늘에 눈부시게 빛나는 쨍쨍한 밤하늘보다 이렇듯 극적이지 않은 소박한 밤하늘이 좋았다. 고개를 젖혀 까만 풍경에 젖어있는 사이 어둠에 익숙해진 눈은 금세 사물을 구별해내기 시작했다. 명암을 달리하는 작은 봉우리들이 희미하게 보이더니 산 밑에서부터 꼬리를 물고 이곳으로 향하는 차량 행렬도 눈에 띄었다. 뒤를 돌아보니 벌써 수많은 인파들이 일출을 보기 위해 몰려 있었다. 주인아저씨의 안내를 따라 전망이 좋은 곳으로 자리를 이동해 해가 떠오르기를 기다렸다.

  바다처럼 펼쳐진 구름 사이로 희미한 불빛이 새어나오기 시작하자 여기저기서 탄성이 흘러나왔다. 일출이 시작됐다. 작지만 날카로운 붉은 빛은 하늘을 가르며 순식간에 떠올라 세상을 밝혔다. 산 아래로 낮게 깔린 하얀 구름에 반사된 태양빛은 분위기를 더욱 신비롭게 만들어 주었다. 세상 어디에서든 해가 뜨고 지는 모습은 항상 감동적이기 마련이다. 찰나이기 때문에 그리고 매일 같지 않기 때문에.

  "뷰티풀", "원더풀"을 연신 외쳐대는 외국인들을 데리고 대청봉에 올라 일출을 보여주고 싶었다. 아마도 눈물을 흘리게 되리라.

  나는 타이거 힐의 일출도 좋았지만 그보다 맛있는 공기가 더욱 좋았다. 차갑지만 깨끗한 공기의 맛. 크게 들이마시면 온몸이 깨끗이 정화되는 느낌이 들어 산을 내려오는 동안에도 큰 숨을 들이마시고 내쉬었다.

　다시 숙소로 돌아와 아침식사를 마치고 나는 바라나시로 갈 채비를 했다. 그곳에서도 네팔 국경을 넘을 수 있으니 추운 이곳에 있기보다는 조금이나마 따뜻한 바라나시에서 머물며 추후 일정을 생각해보는 것이 좋을 듯싶었다.

　주인아저씨는 홍차 한잔을 내밀며 이번이 아니더라도 언젠간 꼭 네팔에 갈 수 있기를 기도해주신다고 했다. 나는 한복이 곱게 그려진 책갈피를 선물하며 아저씨가 해 준 말을 똑같이 전했다. 이번이 아니더라도 언젠간 꼭 네팔에 갈 수 있기를 바란다고.

　다르질링을 떠나오며 나는 더욱 더 네팔에 대한 갈증으로 타올랐다. 단지 그곳에 가고 싶은 여행자로서가 아니라 어서 빨리 네팔이 안정되어 살기 좋은 나라가 되기를 그 안에서 사는 사람들이 행복지기를 바라는 한 인간으로서 말이다. 나는 세상의 모든 신에게 네팔의 평화를 구하며 기도했다. 그건 내가 나의 행복이 아닌 누군가의 행복을 비는 첫 번째 기도였다.

강가에선 산 것도 죽고 죽은 것도 산다

다시 찾은 바라나시는 완전히 다른 도시인 것 같았다. 가트Ghat(강가와 맞닿아 있는 계단)에 앉아 수행하는 사람들도 그대로고, 좁고 복잡한 뱅갈리 토라Bengali tora(바라나시의 골목이름)를 활보하는 소들도, 여행자들만 보면 '하시시, 하시시, 마리화나, 마리화나'를 외치던 아저씨도, 강가의 물을 길어 짜이를 끓여 파는 아저씨도, 온갖 부유물이 떠다니는 강가Ganga River(갠지즈 강)도 그대로였는데, 왠지 낯선 느낌이 가시질 않았다.

인도 여행을 마감하는 터라 긴장이 풀려서 그랬을 수도 있고, 다르질링에서 계속 추위에 떨었던 몸이 며칠 새에 따뜻해진 바라나시 날씨에 반응해 그랬을 수도 있다. 어쨌거나 그 느낌이 나쁘진 않았다. 오히려 여행 내내 인도에, 인도사람들에게 지쳐있던 나를 위로해주는 것 같았다. 네팔 국경이 열리기를 기다렸던 일주일 정도의 시간, 굳이 무엇을 해야 할 필요도, 하고 싶은 것도 없이 보낸 바라나시의 그 시간들이 아마 인도 여행을 통틀어 가장 행복했던 순간이지 않았나 싶다.

인도를 여행하는 많은 여행자들은 바라나시에 와서 삶과 인생에 대해서, 그리고 자신을 되돌아보는 특별한 계기를 갖게 되었다고 한다. 그런데 나는 온종일 가트에 앉아 있어도 깨달음은커녕 부정적인 생각만 머릿속에 가득 찼다.

'저 물을 어떻게 마시지, 저 물에 어떻게 들어가지, 저 위 가트에서는 시체

• 서른, 여행

도 태워서 이 물에 흘려보내던데, 지천에 널려 있는 소들의 배설물은 또 어떻고, 아까는 소들이 단체로 들어가 몸을 담갔다고, 그런데 저 물에 빨래도 하고, 설거지도 하고, 저 사람들은 이 물을 마시고, 또 담아가네? 아휴.'

신성한 마음으로 가득 차 있어야 할 것 같은 바라나시에서 아무런 깨달음도 얻지 못한 나는 매일 가트에 앉아 불편한 마음으로 그들을 바라봤다. 혹시나 싶어 강가에 슬쩍 발을 담가도보고, 나를 졸졸 따라다니는 아이들의 디아Dia(소원을 빌며 띄우는 양초)를 사서 강가에 띄워보기도 하고, 매일 밤 행해지는 메인 가트의 뿌자Puja(예배)도 지켜보고, 강가의 물을 떠다가 만드는 짜이를 마셔도 봤지만 나는 결국 실패했다.

단순히 물, 그 이상의 의미를 가질 수 없던 내게 그들의 행위는 거북해보일 수밖에 없었다. 평생에 한 번이라도 강가를 볼 수 있게 해달라며 기도하고, 죽어서라도 그곳의 일부가 되고 싶은 게 소망인 그들을 이해하지 못하면서 억지로 무엇인가를 느끼려는 어리석은 여행자에게 바라나시는 아무것도 내어주지 않았다.

일주일 내내 가트에 앉아 하릴없이 시간을 보냈다. 달라진 거라곤 강가의 물이 그다지 더러워 보이지 않는다는 것뿐이었다. 마시고 닦고 씻고 담아가는 행위가 그러러니 느껴지자 그들의 '일상'이 보이기 시작했다. 내가 지루한 일상을 떠나 이곳으로 온 것처럼 그들에게도 이 모든 것이 그저 일상인 것이다.

'여행을 떠난다'는 것은 나의 일상에서 다른 사람들의 일상으로 뛰어드는 것이다. 그렇다면 내가 굳이 남의 일상에 들어와서 무언가를 느끼고 감동을 받아야 하는 것은 아닐 테다. 다시 내 일상으로 돌아갔을 때 그들과 함께 했던 또 다른 일상을 추억하며 행복에 젖는 것, 여행자의 몫은 여기까지가 아닐까.

일주일을 지내고 나서야 네팔로 향하는 길이 열렸다며 미리 예약해 둔 여행사에서 연락이 왔다.

가트에 앉아 따뜻한 햇살을 즐기던 시간들이 행복에 겨워 나는 네팔로 떠나기를 주저하고 있었다. 바라나시에 빠지면 나머지 일정이 무용지물이 된다는 얘기를 많이 들었는데 왜 그런 말이 생겼는지 조금은 알 것 같았다. 그러나 나를 기다리고 있을 또 다른 일상들에 대한 호기심에 곧 마음을 다잡고 떠날 채비를 했다.

떠나는 날, 아침 일찍 일어나 마지막으로 가트를 걸었다. 생生과 사死가 함께 공존하는 강가. 사람들은 삶을 위해 또는 영원한 죽음을 위해 강가를 찾는다. 그러나 삶과 죽음이 결국엔 하나라면 강가에서는 산 것도 죽고 죽은 것도 산다.

멀리서 희미하게 해가 떠올랐다. 극적이지 않고 살며시 스며드는 붉은 빛과 작은 태양. 참으로 바라나시다운 조용한 일출이다. 아침 일찍부터 화장 의식을 준비하는지 가트는 사람들로 분주하다. 축축하게 젖은 연기가 피어오르자 사람들이 노래를 시작한다.

인도를 여행하는 내내 나는 수없이 되뇌었다. '다시는 오지 않을 거야.' 국민의 절반 이상이 될 것 같은 사기꾼들과 거리에 지뢰처럼 떨어져 있는 소의 그것들, 눈물 나도록 무서웠던 추위, 지겹도록 긴 이동시간, '1루피, 1루피' 하면서 따라붙는 거리의 아이들, 여행지마다 한 가득이던 호객꾼들, 어디서든 어디를 가든 흥정을 해야 하는 릭샤왈라, 탈리, 탈리 그리고 또 탈리.

그런데 지금은 그런 것들이 너무도 그리워서 눈물이 난다. 떠나오자마자 그리워진 나라, 인도. 스물아홉의 내게 특별한 서른의 기운을 불어 넣어준 곳. 어쩌면 서른아홉의 나는 특별한 마흔을 맞이하게 위해 다시 인도로 떠날지도 모르겠다.

Nepal

걸어서 국경을 넘다

아침 일찍부터 시끄러운 소리가 나서 나가보니 덩치 큰 외국인여행자가 숙소매니저와 싸우고 있었다. 옆엔 일본인처럼 보이는 여자가 함께 서 있었다. 본인을 일본에서 온 '미호'라고 소개한 그녀는 내게 다가와 네팔 상황에 대해 물었지만 나도 어제 밤늦게 인도 국경에 도착한 터라 알 수가 없어 기다리는 중이라고 했다. 매니저에게 자초지종을 물어보니 오늘 네팔 시내로 들어가는 버스가 파업이라 운행을 안 한다고 알려줬는데 그걸 가지고 본인에게 따져 물으며 소란을 피웠단다. 정말 대책 없는 사람이었지만 무엇 하나 마음대로 돌아가지 않는 지금의 상황에선 그럴 수도 있겠다 싶었다. 일단 국경 사무실에 가서 정말 네팔 버스가 파업중인지 다시 확인을 하고 돌아왔다. 짜이를 한잔 마시며 어떻게 해야 고민하고 있는데, 미호가 가방을 메고 숙소를 나섰다.

"우린 네팔로 넘어가서 기다릴 거야. 아무래도 이곳보다는 나을 것 같아서. 네팔 소식도 빨리 들을 수 있고. 너도 네팔로 넘어갈 생각이면 같이 가자."

어차피 기다려야 되는 상황이면 네팔에 넘어가서 기다리는 편이 나았다. 나는 서둘러 짐을 싸 인도 국경으로 향했다. 여행을 시작한 지 딱 두 달 만에 드디어 인도를 떠나게 됐다. 여권에 출국 스탬프를 찍고 인도 국경을 넘어 네팔로 입국했는데 감회가 남달랐다.

국경을 넘을 때나 게스트하우스에서 숙박계를 쓸 때 제일 많이 들었던 질문

중 하나가 "South? or North?"였다. 국적에 'Korea'라고 쓰면 열에 아홉은 그렇게 물어봤다. "North korean을 봤냐?"고 물으면 봤다는 사람은 아무도 없었는데, 대한민국에 사는 나보다 북한 뉴스를 접할 기회가 더 많은 그들에게는 우리나라의 상황이 평범하게 받아들여지지 않는 것 같았다. 여행을 떠나기 전에는 한 번도 의식하지 못했던 문제였지만 어쨌거나 나는 반으로 갈라진 조국의 남쪽에 사는 South Korean이다. 그 말은 곧 육로를 통해 국경을 넘을 일이 없었다는 것을 의미하기도 한다. 처음으로 걸어서 국경을 넘어가니 색다른 기분이 들었다. 네팔의 버스파업은 나흘이나 계속됐다. 가끔씩 버스가 오긴 했지만 카트만두로 가지 않는데다가 외국인이라는 이유로 현지인들이 탑승을 만류하기도 했다.

같은 숙소에 묵고 있던 미호와 이스라엘 남자는 결국 아침 비행기를 타고 카

트만두로 떠났다. 80달러나 하는 비행기 값이 부담되어 따라나서지 못했는데 이곳에서 이렇게 계속 시간을 지체하고 있다간 비행기 값이 문제가 아닐 것 같아 나도 결국 비행기를 예약했다. 도로가 막혀서 그런지 공항은 만원이었다. 남녀로 구분지어진 탈의실에 들어가 꼼꼼히 몸과 짐 수색을 받고 보딩 패스를 받아 순서를 기다렸다. 영어를 할 줄 아는 노신사가 "비행기가 히말라야를 넘어가는데 왼쪽에 타면 그 풍경을 볼 수 있다."고 귀띔을 해줬는데 이미 좌석이 확정된 후라 내 자리가 왼쪽이기를 바라며 기다릴 수밖에 없었다.

'Yetti' 라고 적혀있는 허름한 비행기가 활주로에 들어서자 제복을 입은 여인이 카트만두행 비행기가 도착했다고 대기실이 쩌렁쩌렁 울리게 소리를 질렀다. 외관상으로 보면 양평 어디쯤에서 레스토랑으로 쓰였을 법한 낡은 경비행기라 편히 앉아서 경치나 구경해야겠다는 생각은 어느새 달아나버리고, 무사히 카트만두에 도착하면 좋겠다는 소박한 바람이 생겼다. 내 자리는 오른쪽이었지만 그런 건 이미 안중에도 없었다. 게다가 워낙 작은 비행기라 고개를 조금 돌리면 왼쪽의 풍경을 어렵지 않게 볼 수 있었다.

승객들이 자리에 앉자 작은 프로펠러가 돌아가며 비행기가 서서히 움직이기 시작했다. 요동치는 기내만큼 내 심장도 같이 떨려왔다. 비행기는 순식간에 상공으로 날아올랐다. 그리고 잠시 후 꿈같은 풍경 속으로 날아들었다. 손에 만져질 듯 선명한 설산의 위용과 그 위를 살짝 덮고 있는 멋진 구름들이 감탄사를 연발케 했다. 히말라야였다. 노신사의 말대로 왼편에 앉은 사람들은 그 아름다운 풍경을 바로 옆에 두고 볼 수 있었다. 길게 목을 빼고 반대편 창문 밖으로 펼쳐지는 숨 막히는 경치를 바라보며 '꼭 히말라야를 내 발밑에 두리라.'고 결심했다. 애초부터 네팔 방문의 목적은 안나푸르나 트래킹이었다. 인도 여행이 힘에 부치면서 포기하고 싶은 생각도 들었지만 이 경치를 본 이상 포기할 수 없었다.

위험하지만 위험하지 않은

오랜만에 편안함을 느꼈다. 이상하게 네팔을 여행하면서는 싸우거나 흥분하거나 의심할 일이 별로 없었다. 인도사람과 생김새도 비슷하고, 말도 통용되는 화폐도 같은데 네팔은 사람의 마음을 편안히 가라앉히는 매력이 있었다. 심한 호객행위도 없고 뒤통수를 치는 사기도 없었다. 네팔은 내전중이라지만 이곳 타멜Tamel에서는 전쟁의 기운을 느낄 수 없을 정도로 평온했다. 여행 정보도 얻고 허기진 배도 채울 겸 한국인이 운영하는 레스토랑에 가서 네팔 사정과 안나푸르나 트래킹에 대해 물었다.

내전중이라 상황이 좋지 않다고 말하면서도 관광업이 주요 수입인 네팔이 트래킹을 위해 이곳을 찾는 여행자에게까지 해를 끼치진 않을 거라는 얘기를 해줬다. 하지만 반란군들이 시시각각 도로를 통제해서 트래킹의 출발지인 포카라까지 가는 길이 자주 막히는 것이 문제였다. 일단 버스를 예약해두기는 했는데 언제 스케줄이 변동될지 몰라 머물고 있는 게스트하우스 이름과 방 번호를 남기고 왔다.

여행자들이 많은 타멜 거리 곳곳에 각 나라의 대사관에서 작성한 경고문이 붙어있었다. 익숙한 한글도 보였다. 상황이 좋지 않으니 여행시에 연락을 취할 수 있도록 하고 만약을 대비해 장거리 여행을 삼가고 빠른 출국을 요한다는 내용이었다. 경고문까지 붙었으니 심각한 상황임은 분명했는데 어쩐지 이곳

분위기로서는 믿기가 힘들었다. '별일이야 없겠지.' 라는 느긋한 마음으로 숙소로 돌아가니 메모가 남겨져 있었다. 당분간 포카라Pokhara 가는 길이 통제되어 내일 새벽 버스가 마지막이 될 것이라는 내용이었다. 급한 마음에 여행사에 전화를 걸어 미팅 장소를 확인하고 출발자 명단에 이름을 올렸다.

다음날 새벽, 약속장소로 가니 어림잡아 보아도 열대는 족히 넘어 보이는 버스 행렬 앞에 수많은 외국인여행자들이 모여 있는 모습이 보였다. 깃발을 들고 있는 사람에게 이름을 얘기하고 배정된 포카라행 버스를 찾아 올라탔다. 버스에 탄 사람들은 네팔의 상황에 대해 불안해 하면서도 이렇게나마 버스를 타고 이동할 수 있게 된 게 행운이라며 얘기를 나누고 있었다.

좌석이 다 차자 버스가 출발했다. 가이드는 네팔의 전시상황을 얘기해주며, 며칠 전에는 외국인여행자들이 타고 가는 버스를 반군이 세워 승객들을 내리게 하고는 버스를 절벽 아래로 떨어뜨리고 운전기사의 손을 잘라버렸다는 믿을 수 없는 얘기를 전해주었다. 가이드는 외국인은 안전했다는 얘기를 하고 싶었나본데, 그렇게 알아듣고 안심해 하는 사람들은 없어보였다.

초록색이 그렇게 눈부신 색인지 몰랐다.
이름 모를 꽃들이 그렇게 많은지 그리고 또 그렇게 아름다운지 몰랐다.
안나푸르나가 그렇게 많은 것을 담고 있는지 산을 오르기 전에는
상상조차 할 수 없었다. 산을 오르는 내내 벅찬 가슴으로 숨이 가빴고,
산을 내려오는 내내 그리움으로 눈물이 차올랐다.

자연이 가르쳐주는 지혜, 안나푸르나

첫째 날, 나야풀Nayapul에서 간드룩Ghandruk까지

푼힐Poonhill 전망대까지 2박 3일의 일정을 짜고, 포터를 구하고 함께 산에 오를 일행(나를 포함한 한국인 세 명에 이스라엘 여인 한 명)을 만났다. 짧은 일정이니 짐을 최소한 줄이고 포터를 한 명만 쓰자는 데 동의한 우리 일행들은 출발 전날 밤, 각자 가져갈 짐을 꾸려 한 방에 모였다.

짐은 거의 비슷했다. 생수 몇 병과 비스킷 몇 개, 사탕과 초콜릿 등 오로지 먹을 것과 간단한 세면도구들. 문제는 이스라엘 친구 '샤카프' 였다. 태어나서 산을 처음 타본다는 그녀의 짐은 포터를 따로 한 명 더 불러야할 것 같은 엄청난 양이었다. 일회용 변기커버 서른 장, 두꺼운 털 스웨터 두 장, 이불커버, 갈아입을 옷 몇 벌과 프릴 달린 잠옷, 뜨개실과 대바늘, 구급약 한 상자.

우린 모두 할 말을 잃었다. 샤카프에게 2박 3일 산행에 일회용 변기커버는 필요 없으며 어쩌면 변기 같은 게 없을지도 모르고, 죽은 사람도 살려낼 것 같은 수많은 약들은 들고 가다가 오히려 병이 날 것처럼 너무 많고, 트래킹 도중에는 뜨개질 할 시간이 없을지도 모른다는 것을 이해시키기 위해 얼마나 많은 시간을 흘려보냈는지 모른다. 결국 샤카프의 수많은 짐들은 다시 그녀의 숙소로 돌아갔고 우린 포터에게 줄 배낭 하나를 가뿐히 꾸렸다.

다음날 아침, 약속 장소에 나타난 샤카프를 보고 우린 또 한 번 할 말을 잃었다. 도저히 구급상자는 포기할 수가 없었다며 작은 배낭을 짊어지고 온 그녀. 자기가 들어야 할 몫의 배낭이니 괜찮지 않느냐며 수줍게 웃음 짓는 그녀를 보며 그녀 생애의 첫 등반이 안나푸르나인 것이 다행인지, 불행인지 쓸데없는 고민에 잠겼다.

우리의 포터 '쉬바'는 대단히 마른 체격의 소유자였는데도 큰 배낭을 가뿐히 짊어지고 익숙한 걸음으로 우리를 안내했다. 우린 그를 따라 나야풀 Nayapul 로 가는 버스에 몸을 실었다.

나야풀에 도착하니 트래킹을 준비하는 외국인여행자들이 삼삼오오 눈에 띄었다. 트래킹 초반에는 평지인데다가 드디어 안나푸르나를 내 발 밑에 둔다는 설렘에 힘든지도 모르고 성큼성큼 걸었다. 자기 몸집에 몇 배는 되어 보이는 바구니를 이마에 맨 끈 하나로 운반하거나, 너덜너덜해진 슬리퍼를 그것도 맨발에 신은 사람들이 "나마스떼Namaste(나는 당신을 존경합니다란 뜻의 인사말)" 하며 두 손을 모으고 인사를 할 때마다 배낭도 없이 가뿐한 몸에 튼튼한 등산화를 신은 내가 왜 그렇게 초라하게 느껴지던지. 그들이 흘리는 땀에 비하면 내 땀방울은 비릿한 투정 같았다.

첫날의 목적지는 간드룩Ghandruk. 2박 3일 안에 푼힐 전망대까지 갔다 오는 일정은 초보자들에겐 무리였다. 그러나 당시 네팔 현지 상황이 산을 여유롭게 오르며 즐길 만한 것이 아니었기에 최대한 짧은 시간에 푼힐까지라도 다녀오려면 무리를 할 수밖에 없었다.

오르는 길은 진한 초록색으로 눈이 부셨다. 아니 그런 색을 초록이라고밖에 표현하지 못하는 내 자신이 한심스러울 만큼 짙고 옅은 푸르른 것들이 산 아래 한가득 펼쳐졌다. 작고 앙증맞은 집들도 마치 안나푸르나의 일부분인 것처럼 자연스럽고 아름다웠다.

딸랑딸랑 둔탁한 종소리가 들리면 어디선가 모습을 나타내는 동키들은 양

• 서른, 여행

쪽에 짐을 가득 싣고 산을 올랐다. 짐을 동여맨 끈에 상처가 나 털이 피에 촉촉이 젖어 가는데도 행렬에 뒤쳐질세라 바짝바짝 잘도 올랐다.

쉴 새 없는 돌계단을 오르다가 참을 수 없을 만큼 숨이 차오르면 멀리 보이는 설산에 시선을 옮겼다. 감격스러운 봉우리들. 내 눈 바로 앞에 하얀 눈이 탐스럽게 쌓여있는 진짜 설산이 보인다는 것이 마치 현실 밖의 풍경 같았다. 네팔을 다녀온 사람들의 여행기 속 사진을 보고 상상하던 그런 느낌이 아니었다. 정말 살아 숨을 쉬고 있는 듯한 산이 조금만 힘을 내어 오르면 만져질 것만 같아 지친 나를 자꾸 일으켜 세웠다.

그렇게 꼬박 열 시간을 걸어서 드디어 첫날의 목적지인 간드룩에 도착했다. 온종일 빨갛게 달궈진 해는 산을 붉게 물들여 놓고 사라지고 있었다. '물고기 꼬리'라는 의미를 가진 미봉, 마차푸차레 Machhapuchhare가 눈앞에 훤히 보이는 곳에 자리 잡은 게스트하우스에 여장을 푼 우리 일행은 빨간 산이 까맣게 변하고 그 자리에 은빛별이 내려앉을 때까지 꼼짝하지 않고 그 감동스러운 풍경을 눈 속에, 가슴 속에 모두 담아두었다.

둘째 날, 간드룩Ghandruk에서 고레파니Gorepani까지

잠시 눈을 감았다가 뜬 것 같은데 어느새 창문 밖이 환해져 있었다. 간단히 아침식사를 해결한 후, 휴식을 취할 시간도 없이 무거운 다리를 이끌고 또 다시 산을 오르기 시작했다.

오늘은 고레파니Gorepani까지 가야 한다. 어제보다 더 가파른 길은 끝이 보이질 않았고 아침부터 힘들다며 뒤쳐지던 샤카프는 결국 중도에 포기를 했다. 우리와는 다른 일정으로 좀 더 여유를 갖고 천천히 등반하고자 했다. 문제는 가이드 겸 포터 쉬바였다. 쉬바는 샤카프와 함께 가야했다. 짐도 그렇고 우리는 셋이니, 혼자인 샤카프가 쉬바와 함께 가는 것이 나았다. 짐이야 얼마 되지 않고 순전히 먹는 것뿐이니 가는 동안 점점 무게가 덜어질 테니 상관없었지만 산길을 찾아가는 일이 걱정되었다.

샤카프와는 포카라에서 다시 만나기로 하고 서로의 안전을 기원하며 우리는 예정대로 고레파니로 향했다. 쉬바의 말대로 길 찾는 것은 그렇게 어렵지 않았다. 그러나 얼마만큼의 속도를 내어 걸어야 하고, 어디쯤에서 얼마큼 쉬어야 해가 지기 전에 고레파니에 도착하는지를 가늠하기가 쉽지 않았다. 롯지 Lodge(식사나 숙박이 가능한 작은 산장)가 나올 때마다 길을 묻고 시간을 체크하느라 신경이 곤두섰다.

높이 오를수록 기온은 내려가고 드문드문 쌓여 있는 눈은 때로는 얼음으로 변해서 가뜩이나 무거워진 다리에 긴장을 실어주었다. 비쩍 마른 앙상한 나무들로 가로막힌 산길은 그저 오른다는 느낌 외에는 별다른 감흥을 가질 수 없어 더욱 쉽게 지쳤다. 손에 잡힐 듯 숨소리가 들릴 듯 느껴졌던 설산은 자취를 감춰버렸고, 알록달록 눈을 즐겁게 해주었던 이름 모를 꽃들과 시원한 초록빛의 풀잎들도 보이질 않았다. 눈에 보이는 건 눈과 얼음, 앙상한 나무들과 돌, 얼어버린 폭포뿐이었다.

어제 그렇게 감동을 주던 설산이 지금 내가 걷고 있는 곳이라는 것을 나는 전혀 눈치 채지 못하고 있었다. 멀리서 볼 땐 현실 밖의 풍경 같던 그 웅장하고 멋들어진 설산이 내 발 밑에 있으면 그저 험난하고 힘들기만 한 산 길에 불과하다는 걸, 세상의 많은 것들이 어쩌면 그렇게 돌아가고 있을지도 모른다고 안나푸르나는 내게 말해주는 것 같았다.

서서히 해가 지고 있었다. 우린 좀 더 속력을 내어 걷고 또 걸었다. 너무 빠른 시간에 올라서 그런지, 아니면 고도가 그만큼 높아져서 그런지 손과 발이 부어오르기 시작했다. 일행 중 한 명은 두통을 호소하기도 했다. 그러나 떨어지기 시작한 해는 우리가 걷는 속도보다 더 빨라 잠시도 쉴 시간을 허락하지

• 시른, 여행

않았다.

해가 거의 모습을 감추고 어둑어둑해질 무렵 산 아래쪽에 수많은 롯지들이 보였다. 고레파니인 듯했다. 우린 서둘러 걷기 시작했다. 이미 다리는 우리 의지와는 상관없이 움직이고 있었다. 몇 군데 게스트하우스를 둘러보다가 드럼통 가득 땔감을 때우고 있는 곳으로 들어갔다. 인심 좋아 보이는 주인아주머니는 따뜻한 차를 내오고 주인아저씨는 드럼통에 땔감을 넉넉히 넣어주셨다. 주인 내외의 배려로 따뜻한 물로 씻기도 하고 저녁도 푸짐하게 먹었다. 주인아저씨는 요즘엔 날이 흐려 일출 보기가 힘들지만 이곳에서 푼힐Poonhill 전망대까지는 10분이면 넉넉히 갈 수 있다고 하셨다. 새벽에 올라가서 일출을 볼 요량으로 몇 번이고 아저씨께 전망대 가는 길을 확인하고 방으로 돌아와 잠자리에 들었다.

셋째 날, 고레파니Gorepani에서 나야풀Nayapul까지

새벽 다섯 시, 작은 알람시계가 요란하게 울리기 시작했다. 그러나 우리 일행 중 어느 누구도 시계를 끄려 하지 않았다. 이틀간 무리를 한데다가 밤새 추위에 어찌나 떨었던지 몸이 딱딱하게 굳은 것만 같았다. 누군가 먼저 "나는 못 갈 것 같다."고 얘기했고 모두들 잠결에 동의했던 것 같다. 날이 흐려서 일출 보기 힘들 거라는 아저씨의 말이 맞기를 기대하며.

오전 일곱 시쯤 눈을 뜬 우리 일행은 옷을 잔뜩 껴입고 따뜻한 짜이를 마시며 몸을 덥힌 후 푼힐 전망대로 향했다. 부지런한 다른 여행자들은 이미 내려오고 있는 중이었는데 아저씨의 예상대로 일출은커녕 구름이 잔뜩 껴서 시야가 무척 안 좋다고 했다.

10분이면 오른다고 한 전망대는 20분이 넘었는데도 보이질 않았다. 점점 높아지는 고도 때문에 걸음을 떼기가 쉽지 않아 한 걸음 떼고 숨을 내쉬고 한 걸음 걷고 멈춰서 쉬어야 했다. 한참을 그렇게 걷다가 머리가 저려오는 느낌이 들 즈음 드디어 3,210m 높이의 푼힐 전망대에 도착했다.

바람이 무척 거셌다. 잔뜩 껴입고 온 옷이 무색할 정도로 무서운 칼바람이었다. 그런데 무서운 그 바람이 서서히 산 위의 구름들을 걷어 가고 있었다. 도착했을 때만 해도 구름 때문에 어둑어둑했던 하늘이 환해지고 바로 앞의 희미한 설산들이 점점 더 또렷해지고 있었다.

갑자기 무언가 치밀어 올랐다. 지금 안나푸르나에 서 있다는 자체가, 거짓말처럼 환해지는 날씨가, 푼힐 전망대를 감싸고 있는 설산의 위용이, 내 두 눈에 눈물을 가득 고이게 했다. 할 말이 없었다. 하고 싶은 말도, 굳이 해야 할 말도 없었다. 내 발로 찾은 하늘과 가장 가까운 그곳에 나는 그냥 누워버리고 말았다.

안나푸르나는 시끄럽고 불안한 세상사는 관심 없는 듯했다. 어제도 오늘도 그랬듯이 몇 년이 흐른 뒤에도 항상 그 모습으로 굳건히 그곳을 지키고 서 있을 것이다. 변하는 건, 좋았다가 싫었다가, 사랑했다가 싸웠다가, 끌어안았다가 금방 등 돌려버리는 변덕쟁이 사람들이다. 거대한 자연의 아름다움을 눈앞에 두니 나의 초라한 그릇과 부질없는 욕심들이 부끄러웠다. 아무것도 아니었는데 그렇게 곤두서서 예민하게 굴 일이었는데 나는 왜 그렇게 놓지를 못하고 괴로워했던 걸까. 핑계와 변명거리들을 찾아놓고 현실에서 도망치듯 쫓겨 다니며 살던 과거의 내 모습과 불안하고 불행하고 용기 없던 지난날의 나를 모두 그곳에 풀어 놓아버리고 싶었다.

우리 일행은 각자 시간을 갖고 푼힐을 그리고 안나푸르나를 즐겼다. 이틀에 걸쳐 올라온 거리를 하루 만에 내려가야 하기 때문에 길게 지체할 시간은 없었지만 나는 풀 속에 누워 큰 호흡으로 하늘을 담고 두 눈 가득 아름다운 풍경을 찍어냈다. 자꾸만 흐르는 눈물 때문에 시야가 흐려졌지만 흐리면 흐린 대로 다

• 서른, 여행

시 맑아지면 맑아지는 대로 모두 가슴에 담았다.
 다시 게스트하우스로 돌아온 우리는 간단히 아침을 먹고 출발 지점이었던 나야풀로 향했다. 계속 내려가기만 하면 된다는 아저씨의 말이 쉽게만 들리지 않았다. 푼힐도 10분에 오른다고 얘기하셨던 분이었다. 게다가 산은 오르는 것보다 내려가는 것이 더 힘들고 고되다는 것을 나는 알고 있었다.
 30분쯤 걸었을 무렵 잿빛 구름이 몰려오기 시작하더니 순식간에 빗방울을 쏟아냈다. 어찌나 세차게 내리는지 속옷까지 몽땅 젖어 온몸에 한기가 돌고 등산화는 흠뻑 젖어 걸을 때마다 물소리를 냈다. 아직 가야할 길은 먼데 후들거리는 다리는 미끄러운 산길에 적응하지 못해 휘청거렸다. 게다가 비는 눈으로 변하더니 급기야 천둥과 번개를 동반한 우박을 쏟아내기 시작했다. 순간 샤카프가 떠올랐다. 그녀는 지금 어디 있을까, 그녀가 있는 곳의 하늘도 이럴까?
 우린 우박을 피해 작은 롯지에 잠시 쉬었다 가기로 했다. 아침에 먹다 남긴 삶은 감자 몇 개와 오이, 비스킷으로 허기진 배를 채우고, 비가 그치길 기다렸다가 다시 길을 나섰다. 하늘은 점점 제 빛깔을 찾아가고 있었다. 비가 내린 뒤 촉촉하게 젖은 산은 또 다른 얼굴을 하고 있었다. 뒤돌아 푼힐을 바라보았다. 아무런 일도 없었다는 듯 여전히 하얀 눈이 곱게 덮여 있었다. 산 아래로 내려갈수록 그 모습은 급격히 작아졌지만 감동은 쉽사리 사라지지 않았다.
 걷기 시작한 지 열두 시간 만에 나야풀에 도착했다. 폐타이어를 굴리고 노는 아이들, 커다란 바구니를 메고 나무를 옮기는 사람들, 트래킹을 준비하는 여행자들. 나야풀은 우리가 출발하기 전과 별다를 것이 없었는데 나의 몸과 마음은 3일 전과 몹시 달라져 있었다.
 우리 일행은 더 어두워지기 전에 포카라로 돌아가는 버스를 타기로 했다. 버스스탠드에서 하염없이 버스를 기다리고 있는데 현지인들이 다가와 "No Bus, No Taxi!"라고 절망적인 소식을 전했다. 또다시 버스가 끊긴 모양이다.

두 시간여를 기다렸지만 버스나 택시는커녕 바퀴 달린 탈 것들은 아예 보이질 않았다. 힘들고 피곤했지만 방법이 없었다. 걸을 수밖에.

버스정류장 앞 작은 상점 아저씨는 2박 3일 정도만 걸으면 포카라에 도착할 수 있다고 용기를(?) 북돋아 주었다. 우린 또다시 걷기 시작했다. 해가 떨어지자 기온도 내려가고 배도 고파왔지만 도로 주변은 게스트하우스나 식당이 있을 만한 분위기가 아니었다.

넷째 날, 뿌자네 집에서의 하룻밤

다리는 땅속으로 꺼져 들어가는 것 같고, 배는 등짝에 딱 달라붙은 것 같고 얼어버린 손발은 누군가 건드리기만 해도 바스라질 것 같았지만 걷는 것 외에는 아무것도 선택할 수 없었다. 그때 술이 거나하게 취한 할머니 한 분이 비틀거리며 우릴 향해 다가오는 것이 보였다. 할머니는 내 손을 덥석 잡으시더니 양 손을 귀 옆에 대고 눈을 감고 자는 시늉을 했다가 두 손을 배로 옮겨가 쓰다듬으시며 '배가 고프냐?' 고 눈으로, 표정으로 물으셨다.

난 고개를 끄덕였고 할머니가 이끄는 곳으로 무작정 따라갔다. 할머니의 손은 얼어버린 내 손을 순식간에 녹여줄 만큼 따뜻했다. 할머니가 숨을 내쉴 때마다 느껴지는 술 냄새는 향기롭기까지 했다. 할머니는 도로변에 붙은 어느 집으로 우릴 안내하고 큰 소리로 집 주인을 불러내시고는 무언가 말씀을 전하셨다.

할머니는 우릴 그곳에 데려다 주고 다시 내 손을 꼭 잡더니 '여기 있으면 된다.' 고 손짓을 하며 사라졌다. 주인할머니는 창고 같은 방을 정리하기 시작했다. 여기저기 늘어놓았던 물건들을 밖으로 꺼내고 커다란 솜이불도 폈다. 그러고는 부엌으로 가서 딸인지 손녀인지 모를 예쁘장한 여인에게 저녁을 준비하게 했다.

우린 일단 방에 들어가 젖은 옷과 신발을 벗었다. 잔뜩 불은 발은 벌겋고 쭈

글쭈글했지만 축축한 신발을 벗으니 무거운 짐을 내려놓은 듯 금세 기분이 좋아졌다. 우리끼리 무용담 같은 오늘 일을 떠들고 있을 때 창문을 기웃거리는 꼬마가 보였다. 방으로 들어오라는 손짓을 하니 수줍은 미소를 지으며 쉽게 들어오질 못한다.

아이를 번쩍 안아서 침대에 앉히고 이런저런 얘기(손짓과 발짓의 원초적인 언어로)를 나누었다. 이름이 '뿌자'인 아이의 부모는 다른 지역에서 돈을 벌고 뿌자와 할머니 그리고 언니(어쩌면 이모나 가까운 친척일지도 모르겠다)와 이곳에서 지낸다고 했다. 금방 우리와 친해진 뿌자는 공부하던 공책도 보여주고, 원, 투, 쓰리에서 텐까지 유일하게 할 줄 아는 영어도 선보였다. 뿌자와 함께 부엌으로 가서 음식 하는 것도 돕고 빨래도 하며 놀고 있는데 또 다른 손님들이 찾아왔다. 아마도 이 집은 현지인들이 묵는 일종의 여인숙 같은 곳인 듯싶었다. 배가 고픈 우리들은 부엌에 차려진 네팔식 탈리 Thali(식판 같은 곳에 밥, 달, 커리, 야채가 나오는 음식)를 몇 그릇이나 비우고, 영어를 조금 할 줄 아는 손님에게서 내일도 아마 차가 없을 거란 소리를 전해 들었다. 내일 또다시 걸을 생각을 하니 아득해져 왔지만 별다른 방법이 없었으므로 일찍 잠자리에 들었다.

다음날 아침 근처 가게에서 라면과 달걀 그리고 뿌자에게 줄 사탕과 껌 몇 개를 샀다. 라면을 끓여 아침을 해결하고 달걀은 넉넉히 삶아 주머니에 몇 개씩 넣어두었다. 떠날 채비를 마치고 할머니에게 "숙박료와 밥값을 얼마나 내야 되냐?"고 물어보니 할머니는 그저 웃기만 하셨다. 돈을 꺼내 보여도 종이에 숫자를 써보아도 마찬가지였다. 급기야 돈을 식탁 위에 늘어놓았다. "원하는 만큼 가져가시라."고 했더니 그 말은 알아들으셨던지 50루피 한 장을 가져가셨다. 카트만두에서는 하룻밤 숙박료가 200루피가 훨씬 넘었는데.

우리는 할머니께 얼마의 돈을 더 챙겨드리고 포카라를 향해 길을 나섰다. 눈을 뜨자마자 내 품에 계속 안겨 있던 뿌자는 우리가 갈 때쯤엔 어디로 숨었는지 모습이 보이질 않았다. 작별인사를 하기 위해 한참을 찾았지만 끝내 찾을 수 없어 그냥 집 밖을 나서니 그제야 눈물이 그렁그렁한 눈으로 고개를 살포시 내밀고 계속 손을 흔들어댔다.

우리 모습이 점점 줄어들 때까지 뿌자의 손인사는 끝날 줄 몰랐다. 작아지던 안나푸르나의 설산처럼 뿌자와 뿌자의 할머니 그리고 정이 넘치던 작은 집도 그리움으로 내 마음을 적시고 있었다.

날씨는 따뜻했다. 썩 좋은 냄새는 아니었지만 바짝 마른 옷들은 걷는 것을 한결 수월하게 했다. 구불구불한 산길을 따라 걷다가 가끔씩 자동차 소리가 들려오는 것 같아 멈춰 서서 뒤를 돌아봤지만 길에는 아무것도 없었다. 걷기 시작한 지 두 시간쯤 지났을까? 멀리서 뽀얀 먼지를 일으키며 작은 버스 한 대가

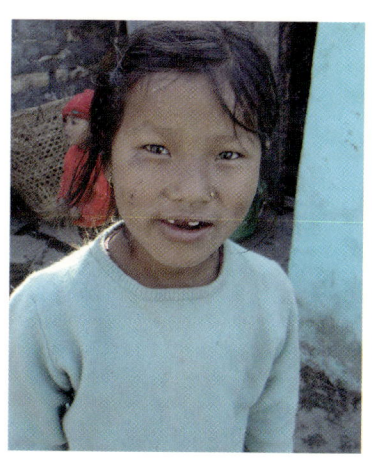

달려왔다. 우리 일행은 누가 먼저랄 것도 없이 버스에 올라탔다. 버스 안팎은 이미 사람으로 꽉 차 있었고 버스 뒤편에는 염소 두어 마리와 푸드득거리는 닭도 몇 마리 타고 있었다. 운전기사아저씨는 친절하게도 자신의 옆자리를 내어주며 편히 갈 수 있도록 배려해 주셨다. 덕분에 피곤한 다리는 휴식을 취하고 두 눈 가득히 멋진 풍경을 담으며 포카라까지 무사히 갈 수 있었다.

포카라 버스터미널에 내리자마자 멀리 보이는 안나푸르나로 눈이 향했다. '저기 중간쯤 내가 서 있었겠구나.' 생각하니 감정이 북받쳤다. 마치 산을 오르고 내린 것이 아니라 내 안에 있는 나를 오르고 내린 듯한 느낌이었다.

따뜻한 포카라의 페와Pewa호수에서 망중한을 즐기고 있을 때 멀리서 쉬바의 모습이 보였다. 쉬바와 샤카프도 우리 못지않게 고생을 한 모양이었다. 쉬바는 고개를 절레절레 흔들며 나야풀에서 오렌지트럭을 얻어 타고 포카라까지 힘들게 오게 된 이야기를 전해주었다. 숙소로 달려가 샤카프를 불렀다. 샤카프는 나를 얼싸안고 푼힐을 보았다고, 눈을 맞고 우박도 맞았다고, 산 속에 숨어있는 반군들을 만나 무서웠다고, 총을 든 그들은 통행료 명목으로 돈을 요구했지만 "학생이라 돈이 없다."고 하니까 깎아주고, 우니까 깎아주고, 구급약 상자를 건네주니 더 깎아줬다고, 그리고 영수증까지 끊어주며 우리 같은 사람들을 다시 만나면 이 영수증을 보여주라는 친절(?)까지 베풀었다며 쉴 새 없이 이야기를 풀어내었다.

"역시 구급약 상자만큼은 포기하지 않길 잘했다."는 샤카프. 어쨌거나 그녀의 구급약 보따리는 사람을 구하는 데 쓰였으니 제 몫을 충분히 다한 셈이다. 첫 산행으로 안나푸르나를 경험하게 된 샤카프는 엄청난 행운아였다. 그녀는 평생 잊지 못할 추억을 가슴 깊이 하나 남겼을 것이다. 내가 마음속에 안나푸르나를 새기고 살아가듯이. 가끔 그 속에서 느꼈던 숨결과 바람, 하늘과 구름 별 달 노을 아름다운 초록 빛깔들을 떠올리며 그리움으로 눈물짓듯이.

• 서른, 여행

눈만 감으면 기억해낼 수 있는 것들

트래킹을 마치고 포카라에 돌아온 지 이틀이 지났다. 그간 밀린 잠을 자고 충분히 쉬었는데도 온몸이 쑤셔 제대로 걸을 수가 없었다. 퉁퉁 부은 얼굴과 다리는 내 머리보다 더 또렷이 안나푸르나를 기억하고 있었다.

나는 페와 호수를 떠다니는 작은 배 한 척을 빌렸다. 인도라면 흥정을 하느라 힘겨웠을 텐데 이곳에선 언쟁을 높이거나 인상을 찌푸릴 일이 없었다. 아저씨는 한 시간 렌트 비용만 받고 해가 질 때까지 쓰라며 배를 내어주고 자리를 뜨셨다. 정말 해가 질 때까지 호수에 떠 있을 요량으로 샌드위치 하나와 물 한 병을 사서 배 위에 올랐다.

나는 배 한가운데에 누워 안나푸르나를 추억했다. 눈을 감으면 그곳의 설산이 바로 앞에 있는 것처럼 또렷이 다가왔고, 말로 형언할 수 없는 눈부신 초록의 향연들이 펼쳐졌다. 너무나 선명하게 떠오르는 영상들에 놀라 눈을 뜨면 평화로운 페와 호수가 아무런 일도 없다는 듯 나를 조용히 감싸 안았다.

눈이 시릴 만큼 구름 한 점 없이 맑은 하늘과 따사로운 햇살을 따라오는 향긋한 공기와 송골송골 맺힌 땀방울을 시켜주는 찬바람이 감동적인 날이었다. 한국에 있었다면 마감과의 전쟁을 치르느라 정신없이 바빴을 텐데 이렇게 한가롭게 풍요로운 자연을 느끼며 휴식을 취하고 있으니 이래도 되는 건가 싶어 어색하기도 하고, 사치를 하는 냥 느껴져 어딘가 모르게 불편하기도 했다.

나는 바보였다. 늘 쫓기듯 뛰어 다니던 일상에 익숙해져서 정작 쉬는 시간이 주어지면 어쩔 줄 몰라 허둥대는 바보였다. 여행이 좋아 여행기자가 됐음에도 여행을 즐기지 못하고, 마감날짜에만 목을 매는 하루살이 같은 생활을 했다. "좋아하는 일이 직업이 되면 다 그렇다."는 선배들의 얘기에 고개를 끄덕일 줄만 알았지 그 속에서 의미를 찾고 즐거움을 찾을 노력은 해보지도 않았다. 여행지에서는 늘 정보가 될 만한 것, 이야깃거리가 될 만한 것에만 신경을 곤두세웠고, 그러는 사이 카메라 뷰파인더 속에는 거칠고 메마른 풍경만 가득 담겼다. 그렇게 정신없이 삼년이 넘게 앞만 보고 달리다보니 어느새 서른을 목전에 둔 지친 내 모습이 보였고, 나는 그 순간 멈춰 선 것이다.

기대했던 서른을 일상에서 평범하게 맞이하고 싶지 않아서, 잃어버렸던 여행의 기쁨을 되찾고 싶어 어렵게 떠나온 여행인데 나는 어느새 습관적으로 여행을 '일'로 만들어 마감에 쫓기듯 취재하고 기록하는 것을 멈추지 못했다.

여행을 시작하고 한 달쯤 지났을까? 연착된 기차를 기다리는 인도의 기차역에서 그간 내가 찍었던 사진들을 보고 깜짝 놀랐던 적이 있다. 게스트하우스의 간판과 내부 사진, 레스토랑의 메뉴판과 음식 사진, 관광지 안내판 등 쓸데없는 사진들이 메모리카드에 가득 차 있었던 것이었다. 나는 무의식적으로 그것들을 찍고 있었던 것이다.

그날 이후로 자꾸만 기록하고 싶어 하는 나를 버리느라, 눈이 아니라 뷰파인더로 느끼려고 하는 나를 버리느라 힘든 시간을 보냈다. 오랜 습관은 여행 자체를 느끼고 즐길 수 있도록 쉽게 허락하지 않았다. 이렇게 아름다운 자연 앞에 아무것도 하지 않고 즐길 수 있는 값진 자유가 주어졌음에도 온전히 쉬지 못하고 잡생각들로 몸과 마음을 불편하게 하는 나는 언제쯤이면 순수한 여행자로 돌아갈 수 있을까.

어느새 날이 지기 시작했다. 이런저런 생각에 뒤척이느라 샌드위치는 먹지

도 못했다. 탔던 곳으로 배를 되돌려 놓고 숙소로 돌아가 여행사를 같이 운영하고 있는 주인아주머니께 타멜행 버스에 대해 물었다. 포카라는 네팔의 전시상황을 잊게 해줄 만큼 평화로웠지만 그렇다고 언제까지 이곳에 머물 수는 없었다.

"며칠 동안 오가는 버스가 한 대도 없어. 조만간 트래킹을 마치고 타멜로 돌아가는 여행자들이 많이 모이면 임시버스가 운행될 것 같아. 그때까지 기다려야 되겠는데?"

더불어 아주머니는 내전과 관련한 이런저런 흉흉한 소문들을 쏟아내며 -마오이스트들이 막아놓은 도로를 불법으로 통과하다가 손이 잘렸다는 기사 이야기, 이곳으로 식료품을 싣고 오는 트럭을 절벽으로 밀어 떨어뜨려 당분간 레스토랑 운영이 힘들 것 같다는 이야기, 안나푸르나 트래킹 구간에서 여러 번 총성이 들렸다는 이야기 등- 이곳은 안전하니 안심하고 며칠 푹 쉬라는데 소문일지언정 그런 무시무시한 얘기를 듣고 안심해 할 여행자가 어디 있을까. 그러나 위험을 무릅쓰고 여행을 계속할 수는 없는 일. 임시버스가 운행되기 전까지는 꼼짝없이 이곳에 머물러야 하니 편안한 마음으로 지금의 시간을 즐기기로 했다.

나는 매일 아침 페와 호수에 나가 하릴없이 시간을 보냈다. 어디선가 고소한 빵 냄새가 풍겨오면 오로지 후각만을 믿고 빵집을 찾아내 세상에서 제일 맛있는 시나몬 롤을 사먹고, 한국인여행자들이 추천한 일명 '홍금보 식당'을 찾아가 정말 홍금보를 닮은 네팔아저씨가 끓여주는 김치찌개로 몸보신을 했다. 조금씩 몸이 제 컨디션을 찾기 시작했을 땐 자전거를 빌려 아름다운 포카라를 둘러보고, 마을 어귀에서 패러글라이딩을 즐기는 사람들을 발견하고는 시간 가는 줄 모르고 넋을 놓고 구경했다. 밤이 되면 네팔 전통주 퉁바를 마시며 여행자들과 안나푸르나를 추억하고, 반짝이는 별들과 까만 밤에도 하얗게 빛나는 설산을 바라보며 감동에 젖었다.

아직도 눈을 감으면 그날의 기억들이 생생하다. 카메라와 노트, 펜도 없이 눈과 가슴으로만 담아놓았던 일들인데 어찌 그렇게 또렷하게 그려지는지. 근사한 앵글을 잡아내느라 힘들이지 않아도, 그 앵글 안에 내가 서 있지 않아도, 그때의 사진을 찾느라 앨범을 뒤적이거나 컴퓨터의 하드디스크를 검색하지 않아도 눈만 감으면 기억해낼 수 있는 쉬운 방법을 포카라에서 쉬는 며칠 사이에 조금씩 알게 되었던 것이다.

닷새가 지나자 타멜행 임시버스가 꾸려졌다. 안전상 운전기사를 제외하고는 모두 외국인여행자를 태워간다고 했는데, 버스가 출발할 기미를 보이자 현지 사람들이 작은 버스 이곳저곳에 매달리기 시작했다. 만류하는 여행사직원과 현지인들 사이에 실랑이가 벌어지고, 이런 위험을 감수하며 이동하지 않겠다는 여행자 몇 명이 버스에서 내렸다. 계속 출발이 지체되자 가이드는 현지인들에게 우리가 지불한 돈보다 몇 배를 더 요구하고, 그것을 응하는 사람에게만 빈자리를 내어주며 버스를 출발시켰다.

도로는 한산했다. 이렇게 우리 버스만 움직이면 외려 타깃이 되지 않을까 하는 우려감이 들 정도로 차량이 없었다. 운전기사는 길 중간에 바리게이트가 쳐져 있을 때마다 내려서 도로와 주변을 살펴보고 바리게이트를 걷어 차를 통과시킨 후 다시 그것들을 원위치 시키느라 진땀을 뺐다.

몇 번을 그렇게 가다 서다를 반복하고 파랗던 하늘이 새까매져서야 타멜에 도착했다. 긴 여정을 함께한 스무 명 남짓의 여행자들은 이제야 안심이 되는 듯 박수를 치며 기뻐하고 서로에게 인사를 나누며 남은 여행의 행운을 빌어주었다.

과거 속으로 돌아간 도시, 타멜

내전 상황이 심각해졌는지 거리 곳곳에는 포카라로 떠나기 전보다 많은 경고문이 붙어 있었다. 서둘러 네팔을 빠져나가기 위해 여행사를 찾았지만 국제선 스케줄조차 만만치가 않았다. 태국의 방콕으로 떠나는 제일 빠른 비행기는 이틀 후에나 출발했다. 그러나 선택의 여지가 없었다. 예약한 방콕행 비행기 티켓을 받아들고 숙소로 돌아오는 길, 나는 방향을 틀어 덜발 광장Durbar Square으로 향했다.

유네스코 세계문화유산으로 지정된 덜발 광장은 16세기에 지어진 말라 왕조의 궁전과 사원이 모여 있는 곳으로 500년 전 우물에서 우연히 발견된 파괴의 신, 칼리 바이라브의 석상과 살아있는 여신으로 추앙받는 꾸마리 데비를 모신 사원 등 볼거리가 다양해 여행자들의 발길이 끊이지 않는 곳이다. 안나푸르나 등반에 많은 돈을 쓰기도 했고 250루피나 하는 비싼 입장료가 부담이 되어 포기하고 있었는데 이곳에 더 머물게 된 이상 운명이러니 생각하고 둘러보기로 한 것이다.

표지판은 덜발 광장의 시작을 가리키고 있었는데 어디에도 매표소는 보이질 않았다. 두리번거리며 광장 안으로 들어서니 멀리서 제복을 입은 사내가 휘파람을 불며 내게 손짓을 했다. 이 수많은 사람들 속에서 기가 막히게 돈을 내야할 사람들을 구분해내는 그들의 능력에 새삼 감탄하며 그가 서 있는 곳으로

다가갔다.

그가 서 있는 곳 바로 뒤편에 자리한 임시초소 같은 곳에서 돈을 내고 입장권을 받았다. 함께 준 안내도를 살펴보니 정말 이곳은 출입문도 벽도 경계선도 없는 말 그대로 광장이었다. 입장권과 안내도를 뒷주머니에 찔러 놓고 살아있는 여신 꾸마리 데비를 만나기 위해 사원으로 향했다.

그런데 이 광장 안에 들어선 순간부터 무언가 이상한 느낌이 전해져 왔다. 마치 과거로 빨려 들어가는 듯한, 투명 인간이 되어 그들을 바라보는 것 같은 알 수 없는 기분이 들었다. 마치 덜밭 광장이 커다란 유리 진공관으로 덮여 있어 바깥세상과 차단된 것 같았다. 도시의 한 복판인데 익숙한 도시의 소음들은 자연스럽게 사라지고 16세기 말라 왕조의 소리들만 들려오는 것 같았다. 사원 옆에서 기념품을 팔고 있는 아저씨와 목각 인형을 깎고 있는 할아버지, 네팔 기념엽서를 팔고 있는 꼬마아이 모두 그 시절의 사람인 것 같았다.

나마저 자연스럽게 그곳에 녹아드는 것 같아 사원 계단에 앉아 이 순간을 즐기고 있었다. 입장료가 비싸다고 망설였는데 겨우 250루피로 과거로 여행을 떠나온 것 같으니 괜히 횡재한 기분마저 들었다. 시야가 흐려질 정도의 향 연기와 냄새 때문에 반쯤 정신이 나간 채로 앉아 있는데 누군가 내 옆에 와서 말을 걸었다.

"꾸마리 데비를 알아?"

꾸마리 데비는 네팔에서만 존재하는 살아있는 여신이다. 각종 까다로운 조건에 부합하는 어린 소녀를 여신으로 추앙하는데 일단 꾸마리 데비가 되면 네팔의 왕도 찾아와 축복을 받을 정도로 엄청난 위상을 부여받지만, 소녀가 초경을 시작하게 되면 사원에서 쫓겨나 악령이 깃들었던 여자로 평생 손가락질 받으며 천대를 받다가 죽는다고 한다. 전설 속에서만 가능할 것 같은 얘기가 현재에도 이어진다고 하니 소녀의 삶이 안타까움에도 호기심이 드는 건 사실이었다.

"정말로 꾸마리 데비가 있나요?"

"물론이야. 반대편 사원에 그녀가 살고 있지."

그는 안주머니에서 작은 수첩을 꺼내 그간의 꾸마리 데비의 사진을 보여주었다. 요란한 장신구에 진한 화장을 하고 있었지만, 어리고 순수한 꼬마아이의 모습을 감출 수는 없었다.

"그녀를 실제로 보고 싶지 않아?"

"사원으로 가면 그녀를 볼 수 있어요?"

"아니, 그녀는 사원 밖으로 나오지 않아"

"그러면 어떻게 보나요?"

"내가 전화를 걸면 그녀가 사원 2층 테라스에 나와서 얼굴을 보여주기도 해"

"그럼 걸어 봐요."

100루피. 전화를 걸어 그녀의 얼굴을 보게 해주는 대가로 요구한 금액이었다. 갑자기 나와 덜발 광장을 둘러싼 진공관이 깨져버리고 바깥 공기와 소음이 한꺼번에 이 안으로 몰아치는 것 같았다. 살아있는 여신이 전화 한 통에 얼굴을 보여준다니.

나는 한참을 웃었다. 아저씨는 100루피만 내면 이 모든 게 사실이라는 것을 증명해 보이겠다며 진지한 표정으로 나를 계속 설득했지만, 공중전화와 여신이라는 어울리지 않는 조합에 내 웃음은 끊이질 않았다. 아저씨는 계속해서 날 진정시키다가 꾸마리 데비 사원 앞에 모여 있는 외국인여행자들을 발견하고는 그리로 달려갔다. 안주머니에서 수첩을 꺼내 사진을 보여주고 손으로 전화기 모양을 만들어 설명하고 있었다. 카우보이모자를 멋지게 눌러 쓴 할아버지가 선뜻 돈을 건넸고 그는 사원 옆 가게에서 전화를 걸었다.

상황이 여기까지 전개되자 정말 여신이 나오는지 궁금해졌다. 나는 사원이 잘 보이는 자리로 이동했다. 돈을 지불한 외국인들도 사원 2층 난간에 시선을 고정한 채 전화를 받고 등장할 꾸마리 데비의 모습을 기다렸다.

그러나 여신의 모습은 보이지 않았다. 속는 셈 치고 돈을 지불한 할아버지는 크게 한바탕 웃으며 아저씨 등을 몇 번 토닥여주고 자리를 떠났다. 너무나 당당하게 전화를 건 아저씨 모습에 살짝 당황해서 혹시나 하고 사원을 두리번거렸던 내 모습도 웃겼다. 아저씨는 "어제까지만 해도 나오던 아이가 오늘은 왜 그런지 모르겠다."며 살아있는 여신을 순식간에 변덕쟁이 꼬마숙녀로 만들어버렸다.

나는 광장을 빠져나와 보우다나뜨 Boudhanath에 가서 남아시아 최대의 스투

파를 보고 그들과 함께 그곳을 돌며 기도했다. '저들의 간절한 기도를 들어 주세요.'

막상 그곳을 도착해 그들의 기도하는 모습을 보기 전까지는 나와 우리 가족의 건강, 로또 당첨, 남은 여행의 축복 따위를 기도할 생각이었는데 스투파를 돌며 온몸으로 기도하는 그들을 보니 그 소원이 무엇인지는 몰라도 아니, 설사 내 소원과 크게 다르지 않더라도 그들의 기도가 이뤄지기를 진심으로 바라는 마음이 생겼다. 어떻게 저렇게 온몸을 다해 간절히 기도할 수 있을까.

내게는 저런 간절함이 남아 있는가. 이루고 싶은 것, 바라는 것들이 있기는 한 건가. 늘 적당히 바라고 적당히 이뤄내고 크게 꿈꾸지 않았던 내 삶이 그들 앞에 서니 단숨에 초라해져 버렸다. 아시아에서 제일 큰 스투파를 보러 놀러간다는 마음으로 왔다가 생각지도 않은 곳에서 단 한 번도 열정적이지 않았던 내 삶을 마주해버리니 적지 않게 당황스러웠다.

나는 그들을 따라 돌고 또 돌았다. 앞서 걷는 할머니의 기도를 위해 기도하고, 옆에서 절을 하며 온몸으로 걸어가고 있는 아저씨의 기도를 위해 기도했다. 눈이 마주치는 사람마다 고개 숙여 인사를 하고 두 손을 모아 그들을 위해 또 기도했다. 그리고 내 삶을 바로 볼 수 있게 해 달라고 마지막으로 기도하며 그곳을 빠져나왔다.

스와얌부나뜨Swayambhunath에 올라 카트만두 시내를 한눈에 내려다보았다. 이제 네팔과도 안녕이다. 시기가 좋지 않을 때에 와서 많은 것을 보진 못했지만 안나푸르나에게 받은 감동만으로도 네팔은 내게 분에 넘치게 많은 것을 안겨주었다.

스와얌부나뜨의 스투파에는 부다의 눈이 그려져 있다. 눈 밑의 물음표처럼 그려진 것은 코가 아니라 통일을 뜻하는 '1'이며 미간에 그려진 제3의 눈은 삼라만상의 본질을 꿰뚫어 볼 수 있는 혜안을 상징한다. 서른 살, 내 여행이 끝나갈 때 나에게도 나의 마음을, 내 삶을 마주할 수 있는 눈이 생기길 바라며 네팔에게 고마운 작별의 인사를 보냈다.

• 서른, 여행

Thailand

내 삶의 비상구를 발견하다

후텁지근하고 끈적끈적한 공기가 갑자기 '훅' 하고 밀려왔다. 인도와 네팔에서 내내 껴입고 다니던 옷들이 갑자기 부풀어 올라 온몸을 조여 오는 것 같았다. 습기가 가득한 더운 공기 때문에 숨을 쉬기가 버거워 나는 다시 공항 안으로 들어가 숨을 고르고 화장실로 달려가 껴입었던 옷을 벗었다.

태국 공항엔 수많은 사람들로 북적였다. 어수선한 공항 로비에는 단체관광객들을 기다리는 한국가이드들과 빨간 손수건을 목에 두르거나 똑같은 모자들을 쓰고 계신 우리네 할머니, 할아버지들로 가득했다. 생전 처음 와보는 태국에서 고향을 느꼈다고 하면 어불성설일 테지만, 어쨌든 그 낯설지 않은 친근함 때문에 그간의 긴장감이 봄눈 녹듯이 사라졌다.

카오산 로드Khaosan Road로 향했다. 모든 여행자들은 카오산 로드에서 시작하고 결국 그곳으로 돌아온다고 했던가. 버스 안을 가득 메운 다양한 국적의 사람들이 모두 카오산 로드로 향하고 있는 모습을 보니 틀린 말은 아닌 것 같았다. 백발이 성성한 할아버지의 손을 꼭 잡고 서 있는 귀여운 파란 눈의 할머니와 자신의 키만 한 배낭을 짊어지고 있는 배낭여행자, 조잘조잘 한 톤 높은 목소리로 수다를 떨고 있는 일본여인들과 레게머리를 길게 늘어뜨리고 이어폰에서 흘러나오는 음악에 취해 몸을 흔드는 여행자를 포함한 모든 사람의 목적지는 카오산이었다.

카오산 로드는 지금 내가 서 있는 곳이 태국이라는 생각을 잊게 할 만큼 이국적이었다. 수많은 여행사와 레스토랑, 환전소, 게스트하우스와 각종 상점들이 빼곡하게 들어차 있었고 화려한 조명과 음악이 24시간 내내 끊이질 않았다. 온종일 그 작은 거리를 돌고 또 돌아도 새로운 것들이 계속 눈에 띄고, 각종 먹을거리와 볼거리들 덕에 심심할 겨를이 없었다. 이곳에서는 모든 것이 가능했다. 먹고 자는 아주 기본적인 문제에서부터 무에서 유를 창조하는 일까지. -가령 각종 신분증이라든가 면허증, 증명서 따위가 필요하면 언제든지 그것도, 아주 저렴한 돈으로 해결할 수 있었다.-

그러나 카오산이 끊임없이 사람들을 불러들이고 머물게 하는 진짜 이유는 동서양과 나이, 성별을 모두 아우르고 다양한 언어와 인종이 자연스럽게 녹아들어 카오산만의 독특한 문화를 생산해내고 있기 때문이다.

사람들은 이 작은 거리에 모여 지나온 길을 돌아보고 새로운 길을 찾는다. 방금 만난 사람들과 오래된 친구처럼 이야기하고 옆자리에 앉은 사람에게는 친근하게 맥주를 권하기도 한다. 이곳에서는 20바트짜리 팟타이Pad Thai(태국식 볶음국수)를 먹는 사람이나 200바트짜리 스테이크를 먹는 사람이나 같은 여행자일 뿐인 것이다.

나는 그래서 카오산 로드가 좋다. 나를 여행자 이상, 또는 이하로 바라보지 않는, 내가 가진 모든 것들을 내려놓고 오직 '나'일 수 있는 이 거리가 좋다. 어떤 일을 하고 얼마를 벌고 어디에서 누구와 살고 있는지 중요하지 않고 또 아무도 궁금해 하지 않는, 그저 '사우스 코리아에서 온 레인'이면 충분한 곳.

지금도 내겐 카오산 로드는 태국 방콕에 있는 여행자거리가 아니라 나를 자유롭게 해주는 삶의 비상구로 남아 있다. 언제든 달려 나갈 수 있도록 항상 초록색 불이 켜져 있는 문. 내 영혼이 시드는 날, 나는 언제든지 카오산 로드로 통하는 저 앞의 비상구를 향해 달려갈 것이다.

치앙마이 요리학교에서 배운 것들

태국의 버스는 감동이다. 에어컨이나 난방장치가 없는 인도, 네팔의 양철버스와는 차원이 달랐다. 깨끗하고 멋진 외관의 2층 관광버스는 담요가 필요할 만큼 에어컨 바람이 쌩쌩 흘러나왔고, 푹신푹신한 쿠션 의자는 물론 그 안에 작은 화장실도 딸려 있었다. 좌석 앞자리 주머니엔 간단한 간식거리와 작은 물병도 들어 있었고, 2층 맨 앞자리는 놀이 기구를 타는 듯 스릴을 느낄 수가 있었다. 그러나 무엇보다 이 버스가 마음에 들었던 것은 사람만 탈 수 있다는 것이다.

인도 자이살메르에서 낙타 사파리 투어에 실망하고 두 시간 거리에 있는 사막 마을 쿠리Kuri로 놀러 가던 날, 나는 버스를 탄 게 아니라 동물원으로 이동하는 차량을 잠깐 얻어 탄 기분이었다. 다양한 종류의 염소와 개, 닭, 원숭이, 오리. 언뜻 보아도 사람보다 동물이 훨씬 많은 그 버스엔 염소가 울면 닭이 울고, 닭이 울면 개가 짖고, 개가 짖으면 오리가 꽥꽥 거렸다. 가끔씩 주인이 조는 틈을 타 닭 몇 마리가 푸드득 거리고 버스 안을 활개치고 다녔는데, 그때마다 온몸을 쪼그라트리고 얼마나 긴장을 했는지.

한숨 푹 자고 일어나니 어느새 치앙마이에 도착해 있었다. 여행사 사무실에서 몇 개의 리플렛을 들고 나와 한산한 치앙마이의 아침거리를 걸었다. 북쪽이라 그런지 아침 바람이 꽤 시원했다. 타패 게이트ThaPae Gate가 보이는 카페에 들어가 커피 한잔을 마시며 들고 온 리플릿을 살펴봤다. 고산족 트래킹, 쿠킹 스쿨, 도이수텝, 나이트바자 등 다양한 프로그램과 볼거리, 먹을거리들이 소개 되어 있었다. 나는 그중 태국 요리를 배울 수 있는 쿠킹 스쿨의 리플릿 몇 개를 챙겨 넣었다. 인도나 네팔에서도 맛있는 음식이 있으면 주방을 기웃거리며 어렵게 만드는 방법을 배워 오곤 했는데 이렇게 버젓이 여행자들을 위한 요리 학교가 있으니 마다할 이유가 없었다. 가까운 곳에 숙소를 구하고 곧장 요리 학교로 달려갔다.

팟타이, 그린커리소스, 그린커리치킨, 치킨땅콩볶음, 생선케이크, 생선수프, 똠얌꿍, 코코넛커스타드, 스팀펌킨 등을 가르쳐주는 베이직 코스가 800바트였다. 수업료가 비싸 잠시 망설이긴 했지만 쓰고 소비하는 게 아니라 무언가를 배워서 내 것으로 만드는 것에는 아끼지 말자는 생각에 바로 예약을 하고, 다음날 아침, 설레는 마음으로 요리 학교를 찾아갔다.

"자, 이리로 오세요."

누군가 부르는 소리에 뒤를 돌아보니 턱수염을 기른 선생님이 손짓을 하고 있었다. 다른 학생들은 이미 도착해 있었다. 오늘 같이 수업을 들을 친구들은 모두 일곱 명. 간단하게 통성명을 하고 준비된 차량을 타고 재래시장으로 이동했다. 내 옆자리에 앉은 브라질 친구 '리사'는 여행을 시작한지 반년이 넘어가는데 태국 음식이 너무 좋아 다른 나라로 이동하길 포기하고 요리를 배우며 태국에서 식도락 여행을 하고 있다고 했다.

태국 재래시장은 우리나라 시장과 많이 닮아 있었다. 선생님은 오늘 만들 재료들을 구입하며 레몬 그라스, 투마릭, 그린페퍼콘, 에그 플랜트, 카 차이, 스윗 바질, 타마린 등 생소한 재료들에 대해서는 맛과 향을 자세히 설명해주었다. 그리고 꽉치 -지금까지도 적응이 안 되는 유일한 야채-에 대해 설명을 해주실 때는 짓궂게도 일부러 멀찌감치 떨어져 있는 나를 지목해 꽉치를 구입하게

• 서른, 여행.

하셨다.

나는 이상하게 팍치 맛에 길들여지지가 않는다. 인도와 네팔을 여행할 때는 그림을 보여주며 음식에 넣지 말아줄 것을 요구했고, 유난히 팍치가 들어가는 음식이 많은 태국에선 제일 먼저 배운 말이 '마이 싸이 팍치(팍치를 넣지 말아 주세요)' 였다. 이게 조금이라도 음식에 들어가면 향수를 마시는 것 같아 도저히 넘어가지 않았다.

시장을 다 본 우리는 다시 차를 타고 요리를 할 수 있는 장소로 이동했다. 시내와 제법 떨어져 있는 그곳엔 넓은 정원에 깨끗한 개인 싱크대와 가스버너가 일렬로 놓여 있었고 커다란 테이블이 두 개, 기다란 식탁 한 개가 나란히 놓여 있었다. 우리는 선생님이 나눠주신 앞치마와 머릿수건을 착용하고 벌써 요리사가 된 듯 들떠 있었다.

우선 넓은 식탁에 둘러 앉아 시장에서 사 온 재료들을 다시 한 번 자세히 공부하고, 오늘 배울 요리들에 대해 간략히 설명을 들은 후 칼을 다루는 법, 쌀을 씻는 법, 야채를 다듬고 써는 방법에 대해서 배웠다. '리사' 는 능숙하게 쌀을 씻고 물을 맞추고 야채를 다듬는 날 보고 연신 엄지손가락을 치켜세웠다. 속으로는 '언니 나이가 서른이란다. 이런 것쯤은 이제 눈을 감고도 할 나이지.' 라며 한숨을 쉬었지만 "평소에 요리하는 것을 즐겨서 그렇다."고 대답해주었다.

오이껍질로 동물 모양을 내고 방울토마토로 장미꽃 만드는 것을 다 배운 후 음식에 알레르기가 있거나 먹지 못하는 재료들이 있는 사람이 있으면 얘기하라기에 얼른 손을 들어 팍치를 못 먹는다고 얘기했다. 프랑스에서 온 마린느는 우유를 먹지 못하고, 리사는 땅콩 알레르기가 있었다. 선생님은 팍치를 먹지 못하면 태국 음식을 제대로 즐길 수 없다고 안타까워하시며 조금씩 먹는 연습을 해보라는데, 팍치가 들어간 음식은 향수나 화장품을 먹는 것 같다고 하니 크게 웃으시며 내 테이블에서 팍치를 치워 주셨다.

이제 본격적으로 음식을 만드는 시간이다. 선생님의 지시에 따라 첫 번째 요리 피쉬케이크를 만들었다. 잘게 다진 생선을 바나나 잎으로 싸서 찜통에 넣어 찌고 남은 재료는 수프를 만들었다. 코코넛 커스타드를 비롯해 그린 커리 소스, 팟타이, 똠얌꿍 등의 요리를 배우고 모두 함께 앉아 각자 만든 요리를 시식하며 하루의 짧은 요리 스쿨을 마무리했다.

태국 요리를 배우며 뜬금없이 든 생각은 '할 수 있다'는 자신감이었다. 무언가 도전하고 새롭게 시작하는 것에 항상 나이를 먼저 생각하며 늦었다고 뒷걸음쳤었는데 이렇게 무언가를 배우고 내 것으로 만드는 일을 경험해 보고나니 별거 아니라는 생각이 들었다. 나이는 숫자에 불과하다며 큰소리치던 나 스스로도 적지 않은 숫자에 무의식적으로 가로막혀 있었던 듯 했다. 여자 나이 서른. 그게 무에 그렇게 많은 나이라고 그토록 옭아맸던 걸까.

아직도 벽에 걸려 있는 두 장의 태국 요리 수료증을 볼 때마다 '아, 내가 태국 요리를 배웠지?'라고 떠올리는 게 아니라 '아, 내가 저걸 해 냈구나!' 하는 뿌듯함에 미소가 번진다. 아쉽게도 팟타이를 만들고 똠얌꿍을 끓이고 쏨땀을 무치는 방법은 잊어버렸지만, 그날 내가 배웠던 할 수 있다는 자신감과 잘해냈다고 스스로에게 격려하는 방법은 잊지 않고 있다. 어쩌면 그것은 나의 서른, 그리고 새로운 삶의 가장 밑거름이 되는 소중한 체험이었는지도 모른다.

내 마음에 귀를 기울일 것

요리를 배우고 고산족 트래킹을 경험하느라 바쁘게 지냈던 치앙마이를 떠나 빠이Pai로 향한 건 오로지 휴식을 위해서였다. 유명한 관광지나 특별한 먹을거리 등 여행자들이 일부러 찾을 만한 '꺼리'가 별로 없는 이 작은 마을에서 푹 쉬며 다음 일정을 계획하고 싶었는데 정작 나는 그 어느 곳에서보다 바쁘게 하루를 보냈다.

아침 일찍 일어나 동네 외곽에 위치한 무료로 이용할 수 있는 노천 온천에 가서 몸을 담그고 마을로 돌아와 시장을 구경하며 싱싱한 과일과 갓 구운 빵으로 맛있는 아침을 먹은 후, 동네 곳곳에 자리한 작은 공방을 돌아다니며 그들의 예술품을 구경하느라 시간가는 줄 몰랐다. 액세서리와 가죽, 목공예품 등의 다양한 작품을 파는 공방에서부터 태국 요리와 뜨개질, 악기를 가르쳐주는 상점까지 그들만의 독특한 작품과 분위기로 꾸며진 공간에는 이미 많은 여행자들이 모여 강습을 받거나 물건을 구경하고 있었다.

해가 질 무렵에는 각 상점 앞에 작은 술판이 벌어지거나 기타나 민속 악기를 연주하는 사람들이 모여 작은 연주회를 열기도 했는데, 흥에 겨운 사람은 누구라도 술판에 뛰어들면 되고 음악을 감상하고 싶은 사람들은 그냥 거리에 앉아 귀를 기울이기만 하면 됐다. 나는 그 자유로운 분위기에 취해 밤늦도록 빠이의 곳곳을 헤집고 다녔다. 카오산 로드의 화려함도 치앙마이의 유명한 유적지나 나이트바자처럼 반짝이는 조명도 없었지만 수많은 예술가들의 영혼으로 가득 차 있는 빠이는 그 어떤 도시보다 활기차 있었다.

아침시장에서 늘 사 먹었던 단물이 뚝뚝 떨어지던 파인애플, 속까지 뜨끈뜨끈했던 갓 구운 빵, 뼛속까지 시원하게 만들어주던 노천 온천, 동네 아이들의 웃음소리가 끊이지 않았던 작은 폭포, 들판에 누워 붉게 물들어가는 선홍빛의 하늘을 바라보다가 잠이 들었던 기억, 마을사람들과 함께 춤을 추었던 보름달 밤, 얇은 지갑을 원망하게 만든 멋진 예술 작품들.

나는 빠이에서 머문 나흘 동안 하루도 쉬지 않고 바쁘게 움직였지만 마치 아무것도 하지 않고 푹 쉬었다 가는 듯 몸과 마음이 편안했다.

여행 일정을 다시 잡겠다는 애초의 계획은 빠이에 발을 딛자마자 사라졌다. 생각지도 않은 곳에서 이렇게 행복한 마음으로 가득 차게 되리란 것도 계획에는 없던 일이었다. 이게 바로 여행이다. 관광지를 둘러보고 기념품을 사고 맛있는 음식을 먹는 일 외에도 즐거운 일은 넘쳐난다. 하지만 어디에 숨어 있는지, 어디를 가야 찾을 수 있는지는 가이드북에도, 지도에도 나와 있지 않다.

오로지 내 마음에 귀를 기울일 것. 그게 행복한 여행을 시작하는 첫 번째 방법이다.

목이 길거나 귀가 크거나

나는 다큐멘터리 프로그램을 좋아한다. 특히 여행이나 자연 환경을 다룬 프로그램들은 내가 가보지 못했던 나라들을 브라운관을 통해서나마 간접체험할 수 있는 좋은 기회라 빼놓지 않고 챙겨보는 편이다.

몇 해 전이었나? 목이 긴 부족 '빠동족'을 처음 본 것도 TV여행 다큐멘터리 프로그램에서였다. 목이 길어야 미인이라는 빠동족만의 미의 기준 때문에 그 부족의 여인들은 어릴 때부터 링을 감아 목을 꾸준히 늘리고 있었는데, 특색 있는 풍습과 비정상적으로 늘어나 있는 여인들의 목 길이 때문에 인상 깊게 남아있던 터였다. 그런데 이곳 매홍손 Mae Hong Son 에서 얼마 떨어지지 않은 곳에 바로 그 '빠동족 마을'이 있었다. 괜히 들뜬 마음에 얼른 오토바이를 빌려 물어물어 빠동족 마을을 찾아갔다.

입장료 250바트. 마을 입구에 있는 허름한 투어리스트 오피스에는 입장료를 내야 마을로 들어갈 수 있다는 안내문이 걸려 있었다. '빠동족'은 동남아시아 내륙부의 고산지역에 있는 소수민족 중 카렌족에 속하는 부족의 하나다. 인구수도 적고 고산지대의 오지에 살지만 목이 긴 부족으로 유명해 관광지화되어 고산족들 중에는 가장 부유하게 살고 있다는데 이 적지 않은 입장료도 한 몫을 하는 것 같았다. 250바트를 내니 안내원이 입장권을 건네며 "마을 내 사진 촬영은 무료"라고 일러줬다.

• 서른, 여행

작은 다리를 건너 마을로 들어갔다. 정말 목에 금속 링을 줄줄이 꿰고 있는 사람들이 보였다. '세상에나 내 눈으로 직접 이들을 보게 되는 날이 오다니.' 신기한 마음에 그들에게 다가갔다. 그러나 그들은 한결같이 무표정한 눈빛으로 어색한 포즈를 취하며 나를 바라보고 있었다. 어서 빨리 사진이나 찍으라는 것처럼. 어린아이들도 자기들끼리 신나게 놀고 있다가 나와 눈이 마주치면 놀이를 멈추고 나를 향해 일자로 서서 포즈를 취해 주었다. 아이에게 젖을 물리고 있는 여인도, 자전거에 아이를 태우고 지나가던 소녀도, 기념품을 팔고 있는 할머니도 그랬다. '마을 내 무료 사진 촬영'이 어떤 의미였는지 이제야 이해가 갔다.

TV 다큐멘터리 프로그램에서처럼 그들의 삶을 엿보며 다른 문화를 체험할 수 있는 기회라고 생각했던 내가 어리석었다. 마을을 한 바퀴 둘러보고 나서야 이곳이 그들의 삶의 터전이라기보다는 돈을 벌기 위한 관광지에 지나지 않는다는 사실을 인정해야 했다.

잠시 앉아 쉬는 사이 아이 두 명이 내 곁에 다가와 앉았다. 목에는 물론 다리에도 링을 감고 있는 귀여운 꼬마숙녀들이었다. 아이는 내 귀에 대고 아주 작은 목소리로 "캔디, 초콜릿, 펜" 등을 속삭였다. 내가 아무것도 없다는 포즈를 취하자 내 주머니와 가방을 쿡쿡 찔러 보더니 이번엔 사진을 찍어달라고 졸랐다. 한 명씩 사진을 찍어 찍힌 모습을 보여주었더니 맘에 들었는지 자기들끼리 낄낄거리다가 갑자기 안색을 바꾸며 돈을 달라고 손을 내밀었다. 멀리서 지켜보던 엄마가 다가오자 급한 듯 내 옆구리를 찌르며 "딸라Dollar, 딸라Dollar"를 외쳤다. 엄마는 내게 손을 모으며 미안하다는 인사를 했다. 아이는 손으로 카메라 모양을 만들며 사진을 찍자는 것뿐이었다고 변명을 하는 것 같았지만 엄마는 무섭게 아이들을 혼내며 집으로 데려갔다. 끌려가는 아이들을 보고 있자니 마음이 좋질 않아 안타까운 표정으로 바라보는데, 아이 중 한 명이 갑자기 뒤를 돌아보며 내게 가운데 손가락을 펼쳐보였다.

 아, 고산족 마을에서 그것도 빠동족의 어린아이에게 이런 글로벌한 손짓을 당하게 될 줄은 정말 상상도 못했다. 웃기기도 하고 당황스럽기도 해서 헛웃음이 흘러나왔다. 아이는 그게 무슨 뜻인지나 알고 그런 행동을 했을까?

 씁쓸한 마음으로 자리에서 일어나 마을 위쪽으로 올라갔다. 이곳 여자들은 목에 링을 감는 대신 귀를 뚫어 커다란 나무 조각을 끼워놓았다. 턱까지 늘어진 얇은 귓불이 아슬아슬해 보였지만 그들에겐 그것이 최고의 아름다움이리라. 돼지에게 사료를 주고 있는 귀 큰 부족의 최고 미인-지금까지 본 중에 최고로 귀가 컸던- 할머니가 나를 보고 웃어주셨다. 그 미소가 정말로 고와 나도 모르게 꾸벅 고개를 숙이고 한국말로 "안녕하세요." 인사를 건네니 할머니는 다시 내게 인자하신 웃음을 지어주셨다. 할머니에게는 작고 게다가 뚫지도 않아 귀걸이라고는 생전 해본 적 없는 귀를 가진 내가 얼마나 못생겨 보였을까. 어쩌면 그 미소는 못생긴 나를 위한 동정이었는지도 모르겠다. 뭐 그래도 좋다. 나는 빠동족 여인이 아니니까.

 마을을 내려오며 할머니의 미소와 돼지를 괴롭히며 까르르 숨이 넘어가게 웃던 아이들과 아기에게 젖을 물리며 노래를 부르던 엄마, 기다란 나무 막대기로 매미를 잡던 소녀들, 무엇을 잘못했는지 종아리를 맞던 아이들의 모습을 보고 답답했던 마음에 숨통이 트였다. 사람 사는 곳은 어디나 매한가지다. 단지 생김새가 다르고 풍습과 문화가 다르다며 신기하게만 생각하고, 특이한 경험을 할 수 있을 거라 막연하게 기대했던 내 바보 같은 생각이 문제였다.

 목을 늘리고 귀를 늘리는 행위가 신체를 훼손하는 가혹한 행위가 아니라 단지 아름답게 보이고 싶은 욕구를 충족하는 것이라는 사실을 먼저 인지했어야 했다. 그러나 그들은 알까? 목이 길거나 귀가 큰 여인들보다 환하게 웃고 있는 그녀들의 모습이 세상에서 제일 아름다워 보인다는 사실을.

태국 남부로 떠나다

태국 남부여행은 끄라비 Krabi 에서 시작됐다. 바다라면 사족을 못 쓰는 내가 여행을 시작한지 4개월이 넘도록 바다를 보지 못했다는 사실이 믿기지가 않았다. 우기가 시작된 태국은 하루가 멀다 하고 비를 뿌려댔지만 남부로 향하는 버스에 오르며 얼마나 설레었는지 모른다. 바다와 비는 내가 가장 좋아하는 조합이다.

끄라비에 도착해 바다가 보이는 숙소에 짐을 풀고 옷을 입은 채로 바다로 뛰어들었다. 이제부터 '고생 끝, 행복 시작'이란 생각에 비를 맞으며 바다를 헤집고 다녔다. 다 큰 여자가 옷을 입고 소리를 지르며 바다에 들어가 정신이 나간 듯 웃어젖히며 뛰어다니는 모습이 신기-혹은 미쳤다고 생각-했는지 사람들이 몰려 구경을 했지만 그들을 신경 쓸 겨를이 없었다.

어찌나 펄쩍거리고 뛰었던지 배가 고파 짠 물이 뚝뚝 떨어지는 옷을 입고 거리로 나와 빗물에 젖어가는 팟타이를 먹었다. 소화가 될 동안에는 비를 맞으며 해변을 산책하고, 추워지면 따뜻한 바닷물 속으로 들어가 추위를 달랬다. 모래사장에 누워 온몸으로 비를 맞고 옷 안으로 들어온 모래 때문에 몸이 쓰라릴 정도가 되어서야 숙소로 들어가 샤워를 하고 정신을 차렸다. '역시 나는 바다 체질'이라며 며칠 동안 정신없이 바다에서만 놀았다.

끄라비를 떠나 푸켓 Phuket 에 가서도 일부러 푸켓 타운에 숙소를 잡고 성태우(트럭을 개조한 태국 현지 버스)를 갈아타며 근처 해변을 돌아다녔다. 빠통 Patong 비치와 까따 Kata, 까론 Karon 비치 등을 돌며 입가에 웃음이 떠나질 않았다.

까따 비치로 숙소를 옮겼을 땐 오랜만에 해가 쨍쨍하게 내리쬐어 하늘만큼 파란 바다와 투명한 구름 그리고 새털 같은 바람을 마음껏 누릴 수 있었다. 우기답지 않게 며칠째 반짝거리는 날씨에 신이 나 자고 일어나면 도시락을 사들고 해변으로 나갔다가 해가 질 때쯤 돌아오는 것이 일상이 되어 버렸다. 점점 까맣게 변해가는 피부색이 낯설지 않을 만큼.

그리고 일주일쯤 지났을까? 해변에 누워 있는데 갑자기 '그런데?' 라는 의문이 들었다. 바다가 좋아, 그런데? 너무 즐거워. 그런데? 마음이 편해. 그런데? 나는 지금 행복해. 그런데? 그런데?

이거 좀 편해질 만하니까 또 몹쓸 병이 도지는가 싶었다. 마음껏 쉴 수 있는 시간이 주어져도 제대로 쉴 줄 모르고 어쩔 줄 몰라 하는 희한한 병. 애써 마음을 다잡고 편하게 지금 상황을 즐기려 노력할수록 머릿속이 복잡해졌다.

'이제 그 정도 놀았으면 된 거 아니야? 그간 고생하고 힘들었던 거 이해하는데 너무 놀기만 하는 거 아니냐고. 마음 편하자고 떠나온 여행이야? 즐겁고 행복하기만 해서 뭐? 네가 바라는 게 이런 여행이었어?' 마음속에서만 빙빙 돌던 말들이 한꺼번에 쏟아져 나왔다.

'아니, 난 더 놀아야 돼. 그간 너무 힘들었다고. 며칠만이라도 마음 좀 편하면 안 돼? 난 지금 너무 즐겁고 행복하다고. 이것도 여행의 일부야.' 라며 변명을 늘어놓았지만 나는 어느새 짐을 꾸리고 있었다. 어쨌거나 한 곳에 오래 머물지 못하는 것. 이것도 고쳐지지 않는 병인가 보다.

• 서른, 여행

지상의 마지막 낙원으로

여행을 떠나기 전에 오래전에 본 영화였던 〈더 비치 The Beach〉를 한 번 더 찾아보았다. 아름다운 비치를 품고 있는 요새 같은 섬이 바로 태국에 있기 때문이다. 코 피피 레 Ko PhiPhi Leh의 아오 마야 Ao Maya. 영화를 보며 꼭 그 비치를 찾아가 직접 눈으로 확인하고 싶었다.

피피 PhiPhi로 향하는 배는 만원이었다. 배 한가운데에 산더미같이 쌓아올린 배낭 때문에 발을 디딜 틈도 없었다. 저 수많은 가방 중에 자신의 배낭을 어떻게 찾아낼까 걱정됐는데 배가 선착장에 도착하자 위에서부터 하나씩 본인의 가방을 찾아 차례로 배에서 내리기 시작했다. 선착장에는 도네이션 박스를 든 자원봉사가 여러 명 서 있었고 임시 추모관도 설치되어 있었다.

2005년 12월 동남아시아를 강타한 쓰나미 때문이었다. 당시 나는 인도를 여행중이었다. 그러나 떠나기 전 태국을 경유하는 비행기 티켓이라 어쩌면 태국에 들러 크리스마스를 보내고 인도로 들어갈지 모른다고 가족과 친구들에게 얘기를 했기 때문에 많은 사람들이 걱정을 하고 있었단다. 며칠이 지나도 연락이 되질 않자 대사관에 연락을 해보기도 했다는데 나는 정작 그 일이 있고 나흘이 지난 후에야 TV를 보고 우연히 알게 되어 그제야 부랴부랴 무사하다는 연락을 전했다.

피피도 쓰나미로 인해 많은 피해를 입었다. 추모관에 전시된 사고 당시의 처참한 사진들과 아직도 섬 군데군데 쌓여있는 쓰레기와 모래더미들은 그날의 절박했던 상황을 그대로 전해주고 있었다.

여행자들은 대부분 자원봉사를 하고 있었다. 'I ♥ PHI PHI'라고 쓰여 있는 티셔츠를 입고 리어카를 끌며 쓰레기를 나르고 부서진 건물의 잔해들을 치우고 있었다. 누가 시켜서 하는 것도 아니고 돈을 받는 것도 아니었다. 그들에게 많은 것을 베풀었던 이 아름다운 작은 섬을 위해 그들 스스로 나서서 예전의 모습으로 되돌리려 노력하는 것이었다. 피피가 사람들에게 얼마나 사랑받는 섬이었는지를 느낄 수 있었다.

섬의 모양이 바뀔 정도의 강력한 쓰나미가 덮쳤다지만 피피는 여전히 아름다웠다. 눈이 부신 백사장과 투명한 바다는 지금껏 내가 봐왔던 것들 중 단연 최고였다. 끄라비나 푸켓의 바다와는 차원이 달랐다. 그 칙칙한 물에서 좋다고 팔짝거리고 뛰어놀았다니. 그때 나를 희한한 눈으로 쳐다봤던 사람들의 심정이 이해가 갔다.

적당히 햇살이 내리쬐고 적당히 비가 내려주는 날이 계속됐다. 내가 보기엔 바다가 잔잔하기만 한데 피피 레로 들어가는 보트택시들은 파도가 높아 갈 수가 없다고 했다. 여행사에서 움직이는 큰 배들도 마찬가지였다. 파도가 잔잔해지기를 기다리며 뷰포인트에 올라가 한눈에 피피를 바라보고, 주말 저녁에 열리는 무에타이 쇼도 감상하고, 〈더 비치〉의 섬답게 레스토랑마다 틀어주는 영화를 질리도록 보고 또 봤지만 날씨는 내게 아오 마야를 허락하지 않는 것 같았다.

더 이상 지체할 수가 없어 다음날 오후 코 팡안 Ko Pha Ngan 으로 이동하는 티켓을 구입했다. '다음에 다시 기회가 있겠지.'라며 아쉬운 마음을 달랬지만 여기까지 와서 벼르고 별렀던 파라다이스를 보지 못하고 간다는 게 너무 안타까웠다.

• 서른, 여행

떠나는 날 아침, 일찌감치 일어나 해변을 걸으며 피피와 작별 인사를 하고 있었다. 그때 등 뒤에서 누군가 말을 걸어왔다. "어이, 너 지금 피피 레 갈래? 오늘은 파도가 좀 괜찮은데?"

내가 매일 피피 레로 가자며 졸라댔던 보트맨이었다. 나는 재빨리 보트맨에게 달려가 사실을 확인했다. 파도가 조금 있긴 하지만 이 정도면 가능할 것 같다는 얘기가 끝나자마자 근처에 쉬고 있던 여행자들에게 달려갔다. 혼자 가기엔 보트택시비가 만만치 않아 일행을 구해 택시비를 아껴보려는 심산이었다. 피피에 온 사람들은 거의 피피 레를 가고 싶어 했다. 게다가 지금처럼 날씨가 좋지 않아 며칠간 못 들어간 경우라면 일행을 구하는 일은 어렵지 않았다. 금세 일행 세 명이 구해졌고, 우리는 피피 레로 출발했다.

투명한 바다 밑으로 산호와 물고기들이 형형색색 신비한 빛깔을 뿜어내고 있었다. 멀리서 볼 땐 잔잔해 보였는데 해변에서 멀리 떨어질수록 파도가 거세졌다. 보트맨은 파도를 피해 이리저리 뱃머리를 돌리며 피피 레를 향해 달려갔다. 십분 남짓 걸렸을까? 눈앞에 피피 레가 보였다. 컴퓨터그래픽을 사용했다는 영화 속 해변과는 차이가 있었지만 생각했던 것만큼 작고 아름다운 해변이었다. 활처럼 휘어진 아담한 비치와 비치를 둘러싸고 있는 암벽들, 모래사장 끝의 키가 낮은 야자수까지. 지상에 낙원이 있다면 바로 이곳을 두고 하는 얘기리라.

배를 댈 수 있을 만한 곳엔 이미 푸켓에서 데이트립Day-trip을 떠나온 큰 배들이 서 있었고, 꼬리가 긴 배의 특성상 해변 가까이 배를 댈 수가 없어 헤엄을 쳐 해변까지 가야만 했다. 밑이 훤히 보여 과감히 뛰어내렸는데 물속이 꽤 깊어 순간 당황했다. 바닷물이 너무 맑아 깊이를 가늠하지 못했던 것이다. 헤엄을 쳐서 해변까지 들어가니 마치 내가 영화 속 주인공이 되어 섬을 찾아가는 듯한 착각에 빠지기도 했다.

해변 끝에는 '피피 레는 태국 관광청이 보호하는 섬으로 숙식이 금지되며 오후 네 시 이전에 모두 나가야 한다.'는 안내문이 붙어 있었다. '가지고 온 쓰레기는 모두 가져가라.'는 표지판 밑에 익숙한 한글이 적힌 과자봉지를 발견하고는 얼른 오션 팩에 집어넣었다. 훼손된 자연을 되돌리겠다며 피피에서 구슬땀을 쏟는 사람들을 생각하니 괜스레 얼굴이 붉어져 해변을 돌며 쓰레기가 보일 때마다 주워 넣었다.

신혼여행을 온 커플룩 차림의 한국인여행자들은 두 손을 꼭 잡은 채 해변을 거닐고, 영화를 기억하는 사람들은 물속에 상어가 있다고 소리를 지르며 장난을 치거나 레오나르도 디카프리오가 앉아 있었을 법한 곳에 앉아 기념사진을 찍었다.

한 시간쯤 해변에서 놀다가 돌아가자는 보트맨의 휘파람 소리에 다시 헤엄을 쳐 보트로 돌아갔다. 일행 중 한 명이 수영을 하지 못해 우리 모두가 바다에 뛰어들어가 그를 배까지 끌어 올려야 했지만 그 모든 것이 영화의 한 장면인 듯 자연스럽게 느껴져 마냥 기분이 좋았다. 돌아가는 길에 잠시 스노클링 포인트에 배를 세워 준 보트맨 덕에 환상적인 바다 속 풍경과 귀여운 니모 그리고 오묘한 빛깔의 물고기들을 잔뜩 구경하기도 했다.

코 팡안으로 가는 배 시간이 촉박해 숙소로 달려가며 이 기가 막힌 '행운'에 대해 생각했다. 일주일간 그렇게 기다렸다가 포기하고 떠나는 날 아침, 그것도 산책 도중 우연히 만난 보트맨 덕분에 꿈에 그리던 아오 마야에 가게 되다니. 오늘의 행운은 보리수 이파리를 세 개나 양보했던 보드가야의 인연이거나 세 번이나 알현한 달라이 라마의 축복 덕이라고 생각하기로 했다.

새로운 세계와 마주하다

코 팡안에 도착했을 때 나는 보트택시를 타고 '그곳'으로 향했다. 푸켓에서 우연히 만난 사람이 코 팡안에 가면 꼭 '그곳'을 가보라고 귀띔을 해줬기 때문이다. 왜 가야 하냐 묻는 내게 '가보면 안다. 대신 풀문 파티가 시작하기 전에 가야한다.' 는 알 수 없는 말로 호기심을 자극했다.

'그곳'은 아름다운 해변이 있었던 것도 아니고, 파우더처럼 보드라운 모래가 해변을 가득 채웠던 것도 아니고, 좋은 리조트가 있다거나 맛있는 음식을 파는 레스토랑이 있는 것도 아니었다. 그곳엔 쿵쿵 울리는 음악소리도 없었고 풀문 파티로 들떠있는 사람도 없었다. 끝에서 끝까지 천천히 걷는다고 해도 5분이 채 안 걸리는 작은 해변은 파도 소리, 바람 소리, 풀벌레 소리 등의 자연의 소리와 선탠을 하며 책 읽는 사람들의 책장 넘기는 소리들로 가득 메워져 있었다. 해변을 비추는 태양은 유난히 조용히 뜨고 졌으며 그 자리에는 별빛과 달빛이 얼마나 환한지 알려주기라도 하듯 밝게 빛났다. 종종 머리 위로 반딧불이도 날아다녔다. 풀문 파티가 열리는 핫 린Hat Rin 비치의 들뜬 분위기와 비교되는 다소 적막한 분위기가 감도는 작은 비치였다.

저렴한 코티지를 구해 짐을 풀고 해변에 나가 산책을 했다. 풀문 파티가 시작되기 전까지 나흘이나 머물러야 하는데 너무 조용한 이곳에 과연 적응을 할 수 있을지 걱정이 되기 시작했다.

아무것도 하지 않는 것. 그게 얼마나 내게 힘든 일인지를 나는 그곳에서 다시 한 번 새삼 뼈저리게 깨달았다. 나는 늘 무언가를 해야 하고 또 하고 있었다. 여행을 떠나기 전에는 물론이고 여행중에도 그랬다. 몸은 움직이지 않더라도 머릿속은 늘 잡다한 생각들로 꽉 채워져 분주했다. 일정에 얽매인 것도 아닌데 항상 이동경로를 계획하고 무엇을 먹을까 고민하고 잠은 어디서 자야 하나 걱정했다. 늘 쫓기듯 바쁘게 살아왔던 나는 내 몸 하나 편히 쉬게 할 줄 몰랐다. 아무것도 해야 할 것이 없고 하지 않아도 되는 자유가 생기면 오히려 어쩔 줄 몰라 하는 내 모습에 당황했던 적이 한두 번이 아니다.

해변에서 몇 시간씩 책을 읽는 외국인여행자들의 모습이 편해 보여 나도 덩달아 책을 들고 해변으로 나가봤지만 한 시간을 넘기지 못했다. 왠지 생산적인 무언가를 해야 할 것 같고 내가 책이나 읽으려고 여행을 나왔나 하는 못된 본전생각에, 또 주변에 무슨 소리가 나면 자동으로 돌아가는 고개 때문에 집중할 수가 없었다.

읽던 책을 덮고 더위를 시킬 겸 물속에 들어갔다. 그 사람은 이런 한가함을 즐기라고 이곳을 추천했던 것일까. 잘 알지도 못하는 사람말만 믿고 괜히 비싼 보트택시까지 불러가며 여기로 왔던 내가 한심했다. 내일 아침 일찍 핫 린 비치로 다시 나가야겠다고 마음먹고 얕은 물가로 나가 하늘을 향해 누웠다.

햇살이 눈부셔 눈을 감고 있던 그때, 바람 소리가 유난히 크게 들렸다. 곧이어 발끝을 간질이는 바다 소리가 들리고 자갈에 부딪혀 부서지는 파도 소리가 들렸다. 멀리 바람에 흔들리는 나무 이파리 소리와 풀벌레 소리도 들려왔다. 순간 생각지도 못했던 소리들에 놀라 눈을 번쩍 뜨고 주위를 둘러봤다. 소음에 익숙했던 내 귀가 처음으로 자연의 소리를 감지했던 것이다. 아무것도 달라진 게 없었다. 여전히 작은 해변에 누워 있는 내가 전부였다. 이렇게 큰 소리를 지금껏 왜 듣지 못했던 것일까.

· 서른, 여행

나는 다시 누워 눈을 감았다. 그리고 자연이 내는 경이로운 소리들을 마음으로 끌어당겼다. 파도를 생각하면 그 소리만 크게 들렸고, 바람을 생각하면 파도 소리가 페이드아웃 되고 바람 소리만 다가왔다. 신기하고 놀라운 경험이었다. 내가 무언가를 듣고자 하면 들렸고 듣길 원하지 않으면 또 들리지 않게 됐다. 그러다 나도 모르게 텅 빈 상태가 됐다. 무중력 공간을 자유롭게 떠다니는 기분, 이런 게 자유가 아닐까 싶은 편안함을 느꼈다.

이번 여행뿐만 아니라 이제껏 살아오면서 이런 감정은 처음이었다. 그저 느껴지는 대로 느낄 수 있다는 것이 감격스러웠다.

해가 질 때까지 나는 주변 소리들에 취해 꼼짝하지 않고 누워 있었다. 자연의 소리는 생각보다 크고 시끄러웠지만 도시의 소음들처럼 신경 쓰이거나 거슬리지는 않았다. 소리마다 이야기가 담겨서일까? 파도가 부서지고 바람에 나무가 흔들리고 분주히 움직이는 풀벌레의 사연. 그날 밤, 나는 귀뚜라미와 도마뱀의 이야기를 들어주느라 잠을 뒤척였다.

다음날 아침, 게스트하우스 주인이 차려주는 간단한 아침식사를 먹으며 오후쯤엔 이곳을 빠져나가야겠다고 생각했다. '유카'를 만나기 전까지는 말이다. 가늘고 긴 레게머리를 대강 감아 머리 위에 얹은 유카는 내 자리 옆에 앉아 아침을 먹었다. 피곤한 듯 눈도 제대로 뜨지 못하고 자르지도 않은 팬케이크를 입 안으로 구겨 넣는 모습이 귀여워 그녀에게 시선을 고정하고 있었다. 유카는 이곳에 한 달째 머물며 요가를 수련중이라고 했다. 내게도 요가를 배우러 왔냐고 해서 아니라고 했더니 "아, 비 포 풀문 파티!"라고 혼자 대답하고 고개를 끄덕이며 다시 아침 먹는 일에 집중했다.

내게 이곳을 가보라고 한 사람도 그 얘길 했었다. '비 포 풀문 파티.' 도대체 그게 무엇일까. 나는 유카에게 물었다. 비 포 풀문 파티는 말 그대로 풀문 파티가 시작되기 전날 밤 열리는 파티였다. 핫 린 비치에서는 비 포뿐 아니라

애프터 풀문 파티, 하프 문 파티 등 각종 이름을 붙여 거의 매일 밤 파티가 열리고 있었는데, 이곳의 파티는 아는 사람만 알고 찾아오는 작은 파티라는 것이다. 유카는 내일 밤 뒤에 보이는 산 중턱의 공터에서 파티가 열리니 함께 가자고 했다. 조금 더 머물러야 할 이유가 생겼다. 소문만 무성한 비 포 풀문 파티를 직접 확인하고 싶어졌다.

아무것도 하지 않고 자유를 그리고 자연을 느끼는 법을 체험한 터라 남은 시간을 보내는 것이 수월했다. 눈을 감고 어제와 달라진 자연의 소리들을 느끼며 한가한 시간을 즐겼다. 아무도 없던 해변에 사람들이 하나둘씩 모이기 시작했다. 아마도 내일 밤 열리는 파티를 즐기러 온 것이리라.

드디어 다음 날, 오전부터 보트를 타고 사람들이 이곳 해변에 찾아들기 시작했다. 이미 거나하게 취한 사람들이 있었는가 하면 무슨 의식을 하려는지 희한한 복장으로 찾아온 사람도 있었다. 나는 유카와 함께 저녁을 먹고 산 중턱의 반짝이는 조명을 따라 올라갔다. 산을 오를수록 쿵쿵거리는 음악 소리는 모든 자연의 소리를 빼앗아가고 심장을 울려댔다.

생각했던 것보다 훨씬 작은 공터 한쪽에는 초등학생 책상만 한 DJ박스가 있었고, 그 옆 절벽 쪽으로는 평상이 몇 개 놓여 있었다. 일정한 비트로 쿵쿵 울려대는 트랜스음악에 따라 사람들이 춤을 추고 평상위의 사람들은 자유로운 포즈로 음악의 비트를 쫓고 있었다. 유카는 익숙한 듯 공터로 뛰어 들어가 춤을 췄다. 아니 그것은 춤이 아니라 일종의 발레 같은 동작이었다. 이상한 분위기에 압도된 나는 맥주 한 병을 사 들고 평상 한쪽 자리를 차지하고 앉아 그들을 바라봤다. 끊임없이 텀블링을 하는 소년, 가느다란 멜빵을 메고 상의는 아무것도 걸치지 않은 커플의 이상한 춤사위, 바닥에서 이리저리 뒹구는 사람들.

솔직히 미친 사람들의 파티처럼 보였다. 모두들 약에 취해 비틀거리는 것 같았다. 산신령처럼 흰 수염을 가슴까지 기른 할아버지는 내게 담배를 권했다

가 고개를 흔들자 자연스럽게 다른 사람에게 권했다. 억지로 권하지도 않았고 그걸 받아든 사람도 그리 고마워하지 않았다. 점점 이상해지는 분위기, 제정신으로는 이렇게 놀 수가 없을 것 같았다.

유카는 한참 춤을 추더니 내게 '머슈룸 케이크'를 달라고 했다. 케이크? 갑자기 여기서 무슨 케이크냐고 묻자 유카는 금세 다른 사람에게 가서 머슈룸 케이크를 공수 받았다. 그건 마약류를 통칭하는 그들 세계에서만 통하는 일종의 은어 같은 것이었다. 유카는 "내게 한국에도 이런 파티가 있냐? 너는 즐기지도 않으면서 왜 온 거냐? 같이 춤을 추지 않겠냐? 일본에 가 본 적은 있냐?" 쉴 새 없이 질문을 퍼부었다가 대답을 할 새도 없이 다시 스테이지로 나가 춤을 췄다. 처음 보는 이색적인 풍광에 정신을 차릴 수 없는데다가 정말 끊임없이 일정한 비트로 몰아치는 음악 소리에 견딜 수 없어 나는 그곳을 빠져나왔.

거의 뜬 눈으로 밤을 지새운 나는 아침을 먹는 둥 마는 둥 하고 집 주인에게 오후에 나갈 것이니 보트택시를 불러달라고 했다. 아침에 돌아와 깊은 잠에 빠져 있을 유카에게는 작별 인사를 적은 쪽지를 남겼다.

이 작은 비치는 아무것도 하지 않는다는 것이 내게는 얼마나 힘든 일인지 알게 해주었고, 자연의 소리가 얼마나 아름다운지 깨닫게 해주었다. 그리고 비포 풀문 파티, 전혀 다른 세계가 있음을 알게 해준 그날 밤은 사실 충격적이었지만 나를 깨우는 또 하나의 좋은 경험으로 남아있다. 푸켓에서 만난 인연이 아니었다면, 유카를 만나지 않았다면 몰랐을 경험. 이래서 여행은 자꾸 날 빠져들게 한다.

오늘밤엔 보름달이 뜬다. 진짜 풀문 파티가 시작되는 거다. 세계의 여행자들이 이곳으로 풀문을 즐기러 몰려든다. 나는 서둘러 핫 린 비치로 향했다.

보름달이 뜬다, 파티를 즐겨라!

코 팡안 핫 린 비치는 사람들로 북적였다. 보름달이 뜨려면 한참 기다려야 하는데 코 팡안은 벌써부터 파티 분위기에 취해 분주했다. 태국 술 쌈쏭과 콜라 또는 레드 불 같은 캔 음료, 빨대가 꽂혀 있는 색색의 작은 플라스틱 바스켓이 노점마다 깔려 있고, 몸에 형광색 그림을 그려주는 사람들과 야광 팔찌를 파는 상인들, 긴 막대기에 수영복을 걸어 놓고 팔거나 담배를 온몸에 주렁주렁 매단 사람들이 비치를 활보했다. 평소 같으면 저녁 장사를 위해 해변에 돗자리와 방석, 식탁을 꺼내 놓았을 상점들도 오늘은 파티 준비를 위해 색다른 세팅을 준비하고 있었다. 사람들은 바스켓에 술과 캔 음료, 얼음을 한꺼번에 쏟아 붓고 빨대를 꽂아 마시며 파티를 기다리고 있었다.

어둑어둑 해가 지기 시작하자 해변에 있는 바Bar들이 일제히 트랜스음악을 틀고 볼륨을 최대로 올려 파티가 시작됐음을 알렸다. 어디에 이 많은 사람들이 숨어 있었을까 싶을 정도로 수많은 사람들이 해변으로 뛰쳐나와 환호성을 질렀다. 쿵쾅거리는 음악 비트에 맞춰 정신없이 춤을 추기 시작하는 사람들 덕에 섬 전체가 흔들리는 것 같았다.

해변 여기저기를 뛰어다니며 파티를 즐기는 사람들 때문에 이리저리 치여 정신이 없는 와중에 누군가 뒤에서 나를 끌어안았다. 유카였다. 기모노를 곱게 차려 입은 유카는 풀문 파티를 위해 방금 보트택시를 타고 건너왔다고 했

다. 흥에 겨운 듯 음악에 맞춰 몸을 들썩이던 그녀는 들고 있는 병맥주를 내게 건네고 나를 다시 한 번 꼭 끌어안더니 순식간에 인파 속으로 사라졌다.

정신없는 커다란 음악 소리와 수많은 사람들의 함성 소리, 갑자기 나타났다가 사라져버린 유카 때문에 넋을 놓고 있는 내게 이번엔 해변에서 술을 마시던 사람들이 차례로 몰려들어 건배를 제의하고 여러 개의 빨대가 꽂힌 바스켓을 들이밀며 술을 권했다. 눈이 마주치면 손바닥에 불이 날 정도로 하이파이브를 하고, 팔짱을 끼면 빙글빙글 원을 그리며 돌고, 어깨를 잡으면 기차놀이를 하고 허리를 잡으면 상대편의 꼬리를 잡기 위해 필사적으로 달려야 했다. 오늘 밤 만큼은 '우리는 하나, 위 아 더 월드'의 정신이 코 팡안을 하나로 똘똘 뭉치게 했다.

보름달이 떠오르고 해변 가운데 'Full Moon Party'라고 쓰인 글씨에 불꽃이 활활 타 올랐을 땐 파티의 열기가 최고조에 달했다. 불 쇼를 하는 태국 청년들과 스피커 위에서 온몸을 흔들어대는 댄서들, 칵테일 묘기를 부리는 사람들이 흥을 돋우고 그들을 둘러싼 여행자들은 마치 오늘 밤이 마지막이라고 믿는 사람들처럼 격정적으로 춤을 췄다. 자정이 넘어가도 파티는 끝날 줄 몰랐다.

나는 지친 몸을 이끌고 숙소로 돌아갔다. 하지만 시끄러운 음악 소리 때문에 잠을 이룰 수 없었다. 잠이 들 만하면 깨고 다시 잠을 들었다가 깨기를 여러 번 반복하며 뒤척이니 어느새 동이 트고 새벽이 찾아왔다.

음악 소리가 멈춘 것을 보니 드디어 파티도 끝난 모양이다. 조심스레 문을 열고 밖으로 나가 보았다. 숙소 로비에는 밤새 춤추고 놀던 사람들이 그대로 잠들어 있었다. 어제의 소란스러움을 떠올리기 힘들 만큼 고요한 새벽이었다. 불이 켜져 있는 몇몇 가게에는 아직도 술을 마시고 있는 사람들이 있었지만 이미 만취상태라 그런지 소란스럽지는 않았다. 해변은 말 그대로 엉망진창으로 변해 있었다. 술을 담아 먹던 플라스틱 바스켓과 여기저기 흩어져 있는 수많은 맥주병과 쓰레기들, 금속 탐지기를 들고 백사장에서 보물찾기를 하고 있는 아저씨, 주인을 잃어버린 슬리퍼들과 술에 취해 쓰러져 자고 있는 사람들로 해변은 발 디딜 틈이 없었다. 아름다운 해변이 하룻밤 사이에 쓰레기장으로 변해버린 것에 절로 한숨이 나왔다. 숙소로 돌아가 다시 침대에 누울 때까지 이제 저 모래사장에 누워 일광욕을 하려면 며칠을 기다려야 하나 시키지도 않은 고민을 하며 잠을 청했다.

    햇살에 눈이 부셔 일어나니 시계는 오전 열 시를 넘어가고 있었다. 잠을 제대로 못 자서 그런지 온몸이 성칠 않아 조금 더 자두려고 이불을 끝까지 뒤집어 썼지만 쉬 잠이 들지 않아 시원한 생수를 한 병 사들고 다시 해변으로 나갔다.

    나는 다시 파티가 시작된 줄 알고 깜짝 놀랐다. 많은 사람들이 해변을 가득 메우고 있었던 것이다. 단지 어젯밤과 달라진 게 있다면 사람들 손에 술병 대신 쓰레기 봉지가 하나씩 들려 있다는 것이었다. 해변에 모인 사람들은 너나 할 것 없이 쓰레기들을 치우고 있었다. 만취한 사람들은 번쩍 들어 그늘 밑으로 옮겨주고, 슬리퍼들은 주인이 찾아 갈 수 있게끔 모래사장 한쪽에 예쁘게 꽂아두었다. 몇 사람이 갈고리로 모래를 쓸어가며 병조각과 쓰레기들을 골라내면 여러 사람이 달라붙어 쓰레기들을 거둬갔다. 분명히 어젯밤 파티를 즐기던 그 사람들이었다. 아직 술이 덜 깬 사람들은 쓰레기를 담은 봉투에 가끔 오바이트를 하기도 했다.

    나도 덩달아 해변으로 달려가 그들을 도왔다. 내가 버리지 않은 쓰레기도 쓰레기고, 어차피 누군가 치워야할 것이라면 그게 꼭 그들일 이유는 없었다. 즐거운 마음으로 어젯밤 흥겨웠던 파티의 추억들을 주워 담았다.

    해가 머리 위로 떠오르자 그때서야 잠이 깬 사람들은 바다로 달려가 몸에 묻은 모래를 털어내느라 분주하고 슬리퍼들은 제 주인을 찾았는지 양이 꽤 줄어 있었다. 한쪽에 쌓아두었던 쓰레기봉투들은 차량으로 몇 번 옮기는가 싶더니

어느새 자취를 감추었다. 새벽부터 금속탐지기로 해변을 탐색하던 아저씨도 만족할 만한 수입을 올렸는지 어느 순간 사라졌다.

해변은 눈 깜짝할 사이에 예전의 모습으로 다시 돌아왔다. 사람들은 책을 읽으며 일광욕을 하고 아이들은 뛰어 놀며 모래 탑을 쌓고 있었다. 해변 한쪽에서 그들을 지켜보던 나는 괜히 뿌듯한 생각이 들어 행복한 미소가 번졌다.

피피 섬의 재건을 위해 자원 봉사하는 여행자들을 보고 많은 것을 배웠는데 최선을 다해 신나게 놀고 흔적을 남기지 않는 이곳 사람들에게서도 한 수 배웠다. 자연이 주는 넉넉한 풍요로움을 감사히 받아들이고 다음 세대도 이 축복을 공유할 수 있도록 자연을 아끼고 사랑하는 것. 어쩌면 그것은 여행자로서 제일 먼저 깨닫고 실천해야 할 일일는지 모른다. 잠시 머물다가 떠나는 여행자는 물론, 인생이라는 여행길을 걸으며 지구에 잠시 머물다가는 우리 모두에게도.

나는 이제 은빛 보름달이 차오르면 술과 약에 취해 비틀거리던 풀문 파티가 아니라 아름다운 코 팡안의 여행자들이 먼저 떠오른다.

태국 최고의 섬, 코 낭 유안

여행을 시작하기 전에 회사 선배를 찾아가 조언을 구한 적이 있다. 배낭여행으로 태국 곳곳을 여행한 선배는 종이에 태국지도를 능숙하게 그리며 각 도시들의 느낌과 자신의 여행담을 풀어놓았는데 남부의 한 작은 섬에 대해 설명할 때에 유난히 눈에 빛이 났다. 그곳이 특별히 아름답거나 꼭 가야 한다는 부연 설명을 하지는 않았지만 왠지 살짝 미소를 머금은 채 그곳을 설명하던 선배의 표정에 무언가가 느껴져 얼른 메모지에 그 섬의 이름을 적고 별을 다섯 개나 그려 넣었었다.

'코 낭 유안 Koh Nang yuan.'

이미 많은 섬을 돌아다니며 태국의 섬과 바다의 매력에 푹 빠진 터였지만 왠지 그곳엔 무언가 특별한 매력이 있을 것 같아 기대를 잔뜩 하고 있었다. 코 낭 유안은 태국 관광청에서 보호하는 섬이지만, 낭 유안 아일랜드 다이브 리조트를 운영하고 있어 숙박객들에 한해서는 낭 유안에 머물 수 있었는데 여행사를 통해 알아본 결과 저렴한 방은 이미 다 예약이 되었고, 남아있는 방들은 숙박비가 만만치 않아 일단 10분 거리에 있는 코 따오 Koh Tao로 먼저 들어가기로 했다.

코 따오는 '다이버들의 섬'이라고 불리는 아름다운 산호섬이다. 스쿠버 다이빙을 위해 세계 각지에서 다이버들이 찾아오는데 선착장에서부터 다이빙

샵을 알리는 깃발이 빼곡히 보여 다이버들의 섬이란 말이 실감났다. 갑자기 쏟아지는 비를 피해 선착장으로 들어가 코 낭 유안의 배 시간표와 숙소를 알아봤지만 오후 네 시 이전에는 섬에서 나와야 하기 때문에 들어가는 배도 없었고 숙소도 자리가 없었다. 일단 트럭 택시를 타고 핫 싸이리Hat Sairee 비치로 이동해 작은 방갈로에서 하루를 묵었다.

다음날 아침, 숙소 근처의 여행사에서 코 낭 유안 데이트립 상품을 예약했다. 스노클링 장비와 왕복 배 삯, 코 낭 유안 입장료와 선착장 픽업서비스까지 모두 포함되어 있어 개별적으로 방문하는 것보다 오히려 여행사 상품이 더 저렴했다.

부슬부슬 내리는 비를 맞으며 작은 배를 타고 코 낭 유안으로 향했다. 섬에 가까워지자 비가 멈추고 날이 개기 시작했다. 작은 선착장에 배가 들어오니 예쁜 줄무늬의 물고기 떼들이 무리를 이루어 배를 둘러쌌다. 일본 여행자들은 특유의 귀여운 목소리로 물고기를 가리키며 사진을 찍느라 여념이 없었다. 푸른 바다색과 하얗고 까만 줄무늬의 물고기들이 그림 속 한 장면처럼 아름다웠다.

코 낭 유안은 세 개의 섬이 하나의 해변을 공유하는 특이한 구조의 섬이다. 작은 리조트가 섬 두 개에 나뉘어 자리하고 있고, 제일 높은 섬 정상에는 섬 전체를 조망할 수 있는 전망대가 있었다. 나는 우선 전망대로 올라갔다. 선착장과 반대편 해변, 리조트 그리고 섬 주변에 촘촘히 떠있는 다이빙 배들이 눈에 띄었다. 요새처럼 굽어진 해변 한쪽엔 여행자들을 위해 파라솔과 의자가 놓여 있고, 대부분의 방문객들은 그곳에서 스노클링을 즐기고 있었.

어느새 머리 위로 떠올라 반짝이는 태양이 비에 젖은 머리칼을 말리고 이내 땀방울을 맺히게 했다. 나는 차가운 바닷물에 몸을 식히기 위해 해변으로 뛰어 내려갔다.

내가 앉아있는 얕은 물가까지 작고 예쁜 물고기들이 돌아다녔다. 산호가루

로 반짝이는 물속과 형형색색 신기한 물고기들은 굳이 스노클링을 하지 않아도 훤히 보였다. 부질없는 짓이란 걸 알면서도 자꾸만 내 곁으로 다가오는 녀석들을 잡아보겠다고 손가락을 벌려 물 안에 담그고 부지런히 고기들을 쫓아다녔다.

스노클링 장비를 끼고 조금 먼 곳으로 나가니 생전 처음 보는 신기한 물고기들과 거대한 산호초, 강습을 받고 있는 다이버들의 모습도 보였다. 섬 전체가 거대한 수족관 같았다. 산호가 그렇게 다양하고 아름다운 색을 내고 있는지 나는 그때 처음 알았다. 햇빛을 머금은 산호는 마치 살아있는 보석처럼 아름다운 빛을 뿜어내고 있었다. 애니메이션으로 친숙한 귀여운 '니모'는 여행자들이 풀어놓은 빵가루를 쫓느라 재빠르게 움직였고, 길고 가느다란 촉수를 오므렸다 펼치는 말미잘은 물결 리듬에 맞춰 하늘하늘 춤을 췄다.

아빠 손을 꼭 잡고 물놀이를 하는 아이들의 맑은 웃음소리와 잔잔한 물 소리, 바람 소리가 섞여 묘한 분위기를 연출했다. 비현실적인 느낌이 들 만큼 모든 것이 정돈되고 평화로웠다. 바다와 섬, 사람들, 그곳에서 들리는 모든 소리와 행위들이 마치 제자리에 꼭 끼워 맞춰진 블록처럼 잘 어우러졌다. 물가에 누워 하늘을 바라보고 있으니 내가 바다가 되고 하늘이 되었다. 문득 선배의 미소가 떠올랐다. 왜 이곳을 설명할 때 그렇게 미소를 지었는지 알 것 같았다.

나는 태국의 바다를 떠올릴 때마다 코 낭 유안을 제일 먼저 떠올린다. 그리고 누군가에게 말로는 다 표현하지 못할 이 작은 산호섬의 매력에 대해 이야기할 때엔 나 역시 나도 모르게 입가에 웃음이 번진다.

* 서른, 여행

Cambodia

애잔한 붉은 흙길

태국 방콕 카오산의 한 여행사에서 캄보디아Cambodia 국경까지 가는 버스 티켓을 구입했다. 그토록 궁금하고 보고 싶었던 앙코르와트Angkor Wat였는데, "날씨가 너무 더워서 제대로 감상하기가 어려웠다."는 먼저 다녀온 사람들의 '증언'이 설렘보다는 두려움을 갖게 했다.

태국 국경에 도착한 시간은 낮 열두 시. 비자를 발급받는 동안 간단하게 허기를 달래고 길게 늘어선 줄을 따라 캄보디아 국경을 넘으니 어느새 시계는 오후 두 시를 향하고 있다. 머리 위로 이글거리는 태양이 뜨겁다 못해 따가웠다.

여행자들을 가득 싣고 지나가는 버스를 보니 에어컨은커녕 선풍기조차 매달려 있지 않았다. 그나마도 앉아가는 쪽은 형편이 나았다. 버스 안은 서서 가는 사람들로 가득 차 있었고, 버스 지붕 위로 짐을 올리고 그 짐 위에 앉아가는 사람들도 있었다. 자연스럽게 택시로 발걸음을 옮겼다. 그러나 택시를 잡는 일도 만만치 않았다. 우리 일행보다 먼저 도착한 버스에서 내린 사람들이 죄다 택시를 타는 바람에 도로가 텅 비어 있었다. 게다가 가끔씩 등장하는 택시들은 터무니없이 비싼 요금을 요구하거나 이미 사람으로 꽉 차 있는데, 우리를 더 태운다며 손님들과 실랑이를 하고 말도 안 되는 흥정을 시도하기도 했다. 입이 바짝바짝 마르는 기가 막힌 더위와 싸워가며 매연이 가득한 도로 위에서 택시를 잡는 일은 정말 고역이었다.

이제 우리 일행 말고는 여행자들이 거의 보이지 않았다. 시커먼 땀을 뚝뚝 흘리며 택시를 기다리는 우리의 모습이 딱해 보였는지 근처에서 우리를 지켜보던 아저씨가 다가왔다.

"내 차를 근처 카센터에 맡겨놨는데 그거라도 타고 가겠어? 택시 요금만 받을게."

이게 웬 횡재냐 싶어 우리는 무의식적으로 고개를 끄덕였다. 그리고 몇 번이고 아저씨에게 고맙다고 인사를 하며 감사의 마음을 전했다. 그러나 어느 누구도 '카센터에 맡겨놓은 차'라는 사실을 인지하지 못하고 있었다.

아저씨는 겉으로 보기엔 멀쩡한 승용차를 가지고 왔다. 푹신한 시트에 앉으니 하루의 피로가 몽땅 가시는 것 같았다. 아저씨는 에어컨을 틀더니 달리기 시작하면 조금 더 시원해질 거라며 아지랑이가 피어오르는 뜨거운 도로를 달리기 시작했다.

그러나 시엠리엡Siem Reap으로 가는 길은 험난했다. 붉은 흙먼지를 피워내며 달리던 차가 갑자기 '펑' 소리를 내며 멈춰 서서 아저씨와 함께 타이어를 갈아 끼우느라 먼지를 흠뻑 뒤집어써야 했고, 수시로 시동이 꺼져 차에서 내려 밀고 끌어야 했다. 삐거덕거리는 편도 일차선의 나무다리를 건널 때는 반대편 차량 행렬 때문에 한참을 대기했고, 울퉁불퉁한 비포장도로를 달릴 때마다 끊임없이 튕겨져 오르는 몸에 허리에 통증이 실리고 손잡이를 꼭 잡고 가느라 어깨가 저려왔다.

그렇게 한참 동안 붉은 흙길을 달렸다. 창밖의 풍경은 시엠리엡에 가까워지기 전까지 크게 다르지 않았다. 드문드문 들어선 집들, 페트병에 담긴 기름을 파는 간이 주유소, 비쩍 마른 소떼, 자전거를 타고 지나가는 마을사람들, 공을 가지고 노는 어린아이들.

인도에서도 네팔에서도 태국에서도 보았고 우리의 시골에서도 본 풍경들이지만, 캄보디아의 풍경은 유독 슬퍼 보였다. 유난히 붉은 길. 그 길 위에 맥없이 떨어지던 붉은 태양. 마른 먼지를 피워내며 달리는 차에서 바라 본 불투명한 풍경들이 마치 오래된 영화 속의 한 장면 같았다. 아주 슬프고 가슴 아픈 영화의 한 장면. 가끔씩 울컥 쏟아져 나오려는 눈물을 참아 내느라 여러 번 거친 호흡을 걸러 냈지만 주책없게 한두 방울이 흘러 나왔다.

여행을 시작하고 나서는 부쩍 눈물이 잦아졌다. 절대로 남들 앞에선 눈물을 보이지 않았던 내가 인도사람들과 싸웠다고, 파도소리가 너무 아름답다고, 붉은 흙길이 슬프다고 사람들이 보거나 말거나 눈물을 뚝뚝 흘리고 있으니 나도 내가 어색해 죽을 지경이었다. 약해보이면 안된다고 그래서 남의 입에 오르내리면 안 된다고 스스로를 옭아매던 동아줄이 여행을 하는 동안 어느샌가 느슨하게 풀어져버린 것 같았다.

무엇 때문에 그렇게 참고 견디고 다지며 살아왔던가. 힘들고 냉정한 사회생활을 하기 위해 하나씩 쌓아올린 벽, 그것이 나를 지키는 일이라 생각했지만 지나고 보니 보호가 아니라 고립, 스스로를 가둬놓은 꼴이 되어버렸다.

하늘이 까맣게 변해서야 시엡리엠에 도착했다. 아저씨는 가끔씩 차를 세우고 물어물어 우리가 예약한 숙소까지 데려다 주셨다. 아저씨께 약속한 요금을 드리고 다시 한 번 감사의 인사를 전했다. 힘들긴 했지만 아저씨가 아니었다면 이 시간까지 우린 캄보디아 국경 어디쯤을 헤매고 있을지도 모를 일이었다. 탈탈 힘겨운 소리를 내며 돌아가는 차를 향해 손을 흔들어 주고 숙소로 올라가 땀과 먼지에 절은 몸을 헹구어 냈다.

머리와 온몸에 달라붙어 있던 붉은 흙이 샤워기 물줄기를 따라 같이 흘러내렸다. 또다시 그 애잔한 붉은 흙길 속의 낯선 풍경들이 떠올랐다. 캄보디아의 첫날, 길 위에서 느꼈던 까닭 없는 슬픔이 캄보디아를 떠나는 날까지도 내 머릿속을 떠나지 않아 나를 괴롭혔다.

과거로 통하는 길, 앙코르와트

　방콕에서부터 동행한 일행 여섯 명과 함께 앙코르 유적을 함께 둘러보기로 했다. 한낮에는 너무 더워서 돌아다니는 것이 불가능했으므로 아침 일찍 나갔다가 점심식사 후 숙소로 돌아와 휴식을 취하고, 다시 유적을 관람하는 등 대강의 스케줄을 짠 후 우리를 안내해 줄 현지인 가이드 '넷'과 함께 앙코르 유적으로 향했다.

　첫 번째 행선지인 앙코르 톰 Angkor Thom 남문에 도착하니 익숙한 석상들이 자리해 있었다. 앙코르 톰은 캄보디아 말로 '커다란 도시'라는 뜻으로 앙코르 제국의 마지막 수도였던 곳답게 웅장한 규모를 자랑하고 있었다. 양쪽으로 길게 늘어선 석상들의 다리를 지나면 '인간의 세계에서 신의 세계로 들어가게 된다.'는 전설을 가진 곳이라 그런지 분위기가 사뭇 진지했다. 오랜 시간이 지났음에도 살아 움직일 것 같이 생생한 석조상의 위용에 벌써부터 가슴이 설레었다.

　남문을 지나 바욘, 왕궁, 문둥이 왕 테라스, 코끼리 테라스 등을 차례로 둘러보는 동안 어떻게 이렇게 큰 규모의 유적들이 숲 속 한가운데에 자리하고 있는지 놀라고, 이것들을 최초로 발견한 사람들의 감정에 이입되어 또 한 번 놀라움을 금치 못했다. 특히 인자한 미소를 띠고 있는 바욘의 사면상은 각도를 달리할 때마다 여러 가지 표정으로 나를 바라보는 것 같아 넋을 잃고 바라봤다.

세월에 깎인 매끄러운 돌 조각이 생명을 얻은 듯 햇빛에 반짝이는 모습은 경이롭기까지 했다.

앙코르 톰을 둘러본 후 더위를 피해 숙소로 돌아가 휴식을 취한 후 다시 오후 일정에 나섰다. 자야바르만 7세가 자신의 아버지를 위해 지은 사원 쁘리아 칸Preah Khan, 똬리를 튼 뱀이란 뜻으로 순례자들이 몸을 씻었던 곳으로 추정되는 니악 뽀안Neak Pean, 자야바르만 7세가 아버지의 제사를 지낼 목적으로 지은 따 쏨Ta Som, 동 바라이East Baray 내부에 세워진 사원 동 메본East Mebon 등을 둘러본 후 장례의식을 치렀던 사원으로 추정되는 쁘레 룹Pre Rup에서 일몰을 감상했다.

붉은 해. 캄보디아의 해는 유난히 붉은 빛을 띤다. 강렬하게 한 번 불타오르지도 못하고 툭 하고 지평선 위로 힘없이 떨어지는 해가 또다시 슬프다.

오늘 하루, 너무 많은 것들을 눈에 담았다. 시엠리엡에서 머무는 내내 그랬다. 어떻게 하루를 보냈는지 모를 정도로 앙코르 유적에 흠뻑 빠져 있었다. 다른 세계를 수도 없이 넘나드는 느낌이었다. 인간의 세계에서 신의 세계로, 천국의 세계에서 지옥의 세계로, 지하의 세계에서 천상의 세계로.

아름다운 조각들로 가득한 반띠아이 쓰레이Banteay Srei 사원에서는 정교하게 새겨놓은 조각들과 아기자기한 건축물에 반해 시간가는 줄 몰랐고, 왕의 목욕탕이었다는 쓰라 쓰랑Srah Srang에서 바라본 일출도 멋스러웠다. 크메르 건축예술의 극치를 이루는 역사적인 예술품으로 인정받고 있는 앙코르와트는 하루를 몽땅 투자했음에도 시간이 모자랄 정도를 스케일이 크고 복잡했다. 어떻게 이 건축물을 한 마디로 표현할 수 있을까. 이것은 복잡한 시고, 난해한 그림이자 설명할 수 없는 조각이다. 너무 아름답고 거대한 예술, 과거에서만 머무르기엔 너무 안타까운 또 하나의 세상이었다.

기구를 타고 올라가 공중에서 앙코르 유적을 한눈에 담았다. 보면 볼수록

감탄이 끊이질 않는다. 어떻게 이런 숲 한 가운데 모든 인류가 놀랄 건축물이 숨겨져 있었는지.

그러나 앙코르 유적의 백미는 따 프롬 Ta Prohm이었다. 자야바르만 7세가 어머니를 기리기 위해 세운 이 사원은 영화 〈툼 레이더〉의 촬영지로도 유명한 곳이다. 따 프롬에 도착해 막 입구에 들어섰을 때 갑자기 먹구름이 몰려오더니 세차게 비가 내리기 시작했다. 우리 일행은 모두 차로 뛰어 들어가 비를 피하고 있었는데 순간 마음이 동한 나는 먼저 들어가서 보고 있겠다며 차에서 내려 사원으로 뛰어 들어갔다. 비를 피하느라 사람들의 행적이 뜸한 사원은 무척 고요했다. 오직 나무와 땅, 흙과 돌에 튕기는 빗소리만이 사원을 가득 채우고 있었다. 파괴되어 폐허가 된 사원들과 기이한 모양으로 그것들을 감싸고 있는 큰 나무들, 형체를 알 수 없는 조각상 등 이 모든 것들이 비에 젖으니 새로운 생명을 얻은 듯 빛이 났다. 작은 계단을 넘어 비좁은 사원 입구로 들어갈 때마다 다른 세계로 통하는 듯 신비로운 분위기가 나를 감쌌다.

온몸이 흠뻑 젖는지도 모른 채 사원 구석구석을 돌아다녔다. 앙코르 유적 중에서 가장 보고 싶었던 따 프롬에 도착했을 때, 때마침 내린 비는 내겐 행운이었다. 마치 과거로 빨려 들어가 이 커다란 유적을 홀로 마주하던 그 느낌을 지금도 잊을 수가 없다.

앙코르 유적을 모두 둘러 본 마지막 밤, 카페 '레드피아노'에서 안젤리나 졸리가 즐겨 마셨다던 '툼 레이더 칵테일'을 마시며 앙코르와트를 다시 추억했다. 아직도 눈을 감으면 선명하게 떠오르는 바욘의 사면상, 반띠아이 쓰레이의 살아 움직일 듯한 조각, 앙코르와트의 벅찬 감동. 다시 이곳에 들르게 될 땐 더 많은 공부를 해서 오리라 결심했다. 상상했던 것보다 훨씬 더 많은 전설들이 숨어 있는 이곳이 건네는 이야기들을 다시 한 번 들어야겠다.

• 서른, 여행

똔레삽 호수만큼 넓은 그들의 가난

시엠리엡의 마지막 날, 동남아에서 제일 큰 호수이자 '캄보디아의 젖줄'인 똔레삽 호수Tonle Sap Lake를 방문하기로 했다. 차로 사십 분쯤 호젓한 시골길을 달리자 끝이 보이지 않는 호수 초입에 다다랐다. 차를 세우고 비릿한 냄새가 진동하는 길을 따라 보트를 타러 걸어갔다.

숙소에서 보트티켓을 예약해 따로 표를 사지 않아도 됐지만 일행들의 인원수만큼 돈을 나눠 거슬러 줘야 했기 때문에 무심코 지갑을 꺼내들었다. 그 순간 아이들이 나를 향해 몰려들었다. 어디서 나타났는지도 모르는 족히 서른 명은 넘는 아이들이 갑자기 나를 에워쌌다. 저 멀리 나를 향해 뛰어오는 수십 명의 아이들도 보였다.

너무 순식간에 벌어진 일이라 어떻게 해야 할지 몰라 우두커니 서 있었다. 아이들은 커다란 눈망울로 "원 달러!"를 외치고 있었다. 지갑을 다시 가방 안에 넣고 가이드 넷에게 도움을 요청했다. 그는 아이들을 밀치며 나를 꺼내 주었지만 아이들은 내 옷을 붙잡고 가방에 매달리며 떠날 줄을 몰랐다. 보트를 타러 가는 내내 나는 본의 아니게 아이들과 동행을 하게 됐다. 같이 간 일행들의 모습도 다르지 않았다.

아이들은 대부분 옷을 입고 있지 않거나 입고 있더라도 허름한 티셔츠 차림이었다. 여자아이들 중에는 자기보다 조금 어린아이를 업고 있거나, 한눈에 봐도 아파 보이는 동생을 자신의 일부인 냥 꼭 안고 따라 오기도 했다. 쓰레기와 돌멩이, 날카로운 것들이 가득한 흙길을 맨발로 걷고 있었다. 몇몇 아이들에겐 정말 돈을 건네주고 싶을 정도로 상황이 딱해 보였다. 하지만 넷은 "절대로 그러면 안 된다."고 했다. 지금보다 더 많은 아이들이 나를 향해 달려올 것이고 심지어 어른들도 와서 돈을 요구하게 되면 자칫 위험한 상황에 처할 수 있다고 일러줬다.

계속 따라오며 돈을 요구하는 아이들을 애써 외면하며 선착장에 다다랐다. 아이들은 우리가 보트에 오르자 더 이상 따라오지 못했지만 보트가 움직일 때까지 그 자리에 꼼짝 않고 서서 우리를 바라보고 있었다.

호수 주변 또는 호수 위의 수상가옥에 거주하는 사람들은 대부분 국적이 없는 베트남 사람이거나 가난한 캄보디아 사람이라고 했다. 이 시커먼 호수의 물로 삶을 연장한다는 것이 불가능하게만 보였다. 호수 중간에 위치한 휴게소에서 악어와 물고기를 양식하며 관광객을 상대로 장사를 하고 있는 몇몇 사람들을 제외하고는 도대체 이곳에서 어떻게 생계를 유지해 나가고 있는지 신기할 정도로 생계수단이란 게 그리 많아 보이지 않았다.

휴게소 전망대에서 바라본 호수는 정말 끝이 보이지 않을 정도로 넓었다. 그들의 가난도 이 호수의 크기만큼이나 크게 다가왔다. 시엠리엡에서 불과 12km 정도 떨어져 있을 뿐인데 이곳의 풍경은 달라도 너무 달랐다. 시엠리엡의 화려한 유적에 빠져 있다가 이제야 현실의 캄보디아로 돌아온 것 같은 기분이랄까. 그러나 이곳 풍경은 현재라고는 믿겨지지 않을 만큼 과거로 향하고 있었다. "사회주의 국가 신봉자인 캄보디아 왕이 앙코르와트에서 벌어들인 수익금의 대부분을 베트남으로 보낸다."고 넷이 조심스럽게 말을 건넸다.

나는 넷에게 캄보디아인들이 진심으로 행복해지기를 바란다고 전했다. 물론 행복은 비교의 대상이 될 수 없다. 내 눈에 불행해 보인다고 해서 그들이 불행하다고 말할 수는 없다. 내가 그들보다 조금 더 많은 것을 가졌다고 행복한 사람이라고 말할 수 없다는 것도 안다. 단지 그들이, 또는 그들의 아이들이 '원 달러'를 위해 발에 피가 나는지도 모르고 뛰어야 하는 현실이, 생명이라고는 느껴지지 않는 이 참담한 호수 안에서 삶을 연장해야 하는 그들의 현실이 나아지기를 바라는 것이다.

그래서 그들이 가난에서 벗어나서 풍요로워지기를 바라는 것이 아니라 행복해지기를 바라는 것이다. 행복은 더 가지고 덜 가지고의 차이, 높고 낮음의 신분 차이, 그 모든 것을 뛰어 넘는 것이기에.

비극적인 역사의 현장, 프놈펜

캄보디아의 수도 프놈펜Phnom Penh에 위치한 뚜얼 슬렝Tuol Sleng 박물관을 찾아갔다. 1962년에 개교한 평범한 고등학교였지만 크메르루즈Khmer Rouge 군이 프놈펜에 입성한 이후 폴포트의 지시에 의해 집단 수용소로 사용되고 수많은 사람들이 고문을 당하며 죽어간 곳이다. 실제 고문 장소로 사용됐던 교실을 일부 공개해 놓기도 했는데 당시 수감자들의 사진과 고문도구, 수용된 화가가 그린 당시 상황 그림 등이 전시되어 있었다. 아직도 핏자국이 선명한 방들에는 수감날짜를 계산한 흔적들이 곳곳에 남아 그날의 절박한 상황을 실감케 했다.

더운 날씨인데도 불구하고 건물 안은 서늘했다. 아니, 잔인한 역사를 둘러보는 동안에는 더위를 느낄 틈이 없었다. 아이를 안고 고문을 당하고 있는 여인의 사진을 보는 순간 온몸에 소름이 돋았다. 정말 인간의 잔인함이란 상상을 초월한다. 더 이상 둘러볼 용기가 나지 않아 학교 마당에 앉아 우리의 역사를 되짚어 보며 전쟁이 남긴 상처와 아픔들을 떠올렸다.

한국전쟁이 일어난 지 이제 겨우 60년. 짧은 순간 우리는 괄목할 만한 성장을 이루어냈지만 60년 전의 참혹했던 전쟁을 기억하는 사람들은 아직도 주변에서 쉽게 찾을 수 있다. 우리 엄마는 한국전쟁이 발발하기 하루 전인 1950년 6월 24일에 태어나셨다. 핏덩이를 안고 피난을 갈 수도 없었던 외할머니의 절박한 이야기와 UN군으로 활동하셨던 할아버지의 생생한 증언, 꼬마였던 아빠의

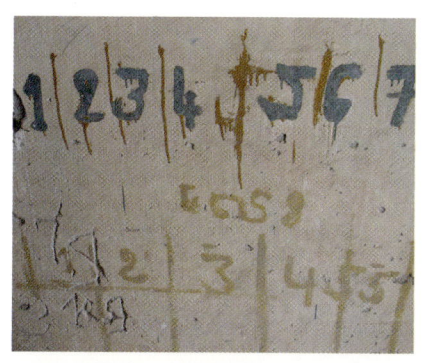

• 서른, 여행

군데군데 조각난 기억들이 그 날이 그리 먼 일이 아니었음을 새삼 깨닫게 한다. 얼마나 많은 것들을 잃었을까.

그것들을 복구하기 위해 흘렸을 수많은 땀과 피를 떠올리기만 해도 오싹해진다. 너무 많이 가졌다고, 배부른지 모른다고, 세상 참 살기 좋아졌다고 말하는 어른들의 이야기들을 함부로 흘려들을 수 없는 건 나는 감히 상상하지도 못할 아픔을 겪은 분들의 이야기이기 때문이다.

처음 와 본 남의 땅에서 우리의 전쟁을 떠올리며 한없이 맥이 풀려 있는데 씩씩한 가이드가 킬링필드 Killing Fields 로 이동해야 할 시간이라며 재촉했다. 킬링필드는 프놈펜 근교 쯔응 아익 Cheoung Ek 에 위치한 곳으로 수용소에 가두었던 사람들을 집단학살하여 묻은 곳이다. 희생자 추모 위령탑 안에는 8,000여 개의 유골이 성별과 연령별로 분류되어 있었고, 위령탑 뒤에는 당시의 참상을 보여주는 구덩이가 군데군데 파헤쳐져 있었다. 총알이 아까워 쇠막대기로 뒤통수를 쳐서 살해하고, 아이들은 나무에 던져 죽이고, 아직 숨이 붙어 있는 사람들도 그대로 매장했던 곳. 구덩이에는 당시 피해자들의 옷 조각 같은 잔해들이 곳곳에서 발견돼 참혹함을 더해줬다.

잠시 나무 그늘에 앉아 쉬는 사이 박물관에서 뛰어노는 아이들을 만났다. 아이들은 이곳에 대해 얼마나 알고 있을까. 또래의 아이들이 묻혀 있던 웅덩이를 미끄럼틀 삼아 타고 내리는 아이들을 보고 있자니 더욱 가슴이 아파왔다. 아이들이 내게 다가와 카메라를 보며 미소를 지으며 찍어 달라고 했다. 아이들을 카메라 렌즈에 담으면서 다시는 이런 잔인한 일이 이 아이들에게 되풀이되지 않기를 바랐다.

카메라에 담긴 자신들의 모습을 보며 자지러지게 웃는 아이들, 그 순수하고 맑은 눈에 어울리는 아름답고 예쁜 것들만 담아내기를, 그들이 어른이 되었을 때는 지금보다 조금 더 행복에 가까워지고 있는 캄보디아가 되기를 기도했다.

세상 어디에도 슬픔만 존재하는 곳은 없다

캄보디아를 떠나기 전날, 끝도 없이 밀려드는 슬픔과 알 수 없는 우울함에 프놈펜의 중앙시장 '프싸 트마이'로 향했다. 그곳에서 가서 사람 사는 향기도 맡아보고 시끌벅적한 시장 분위기에 취해 기운을 좀 얻어 볼 심산이었다.

시클로를 타고 덥고 습한 바람을 온몸으로 받아내며 분주한 시내를 돌아 시장에 도착한 나는 역시 내 생각이 틀리지 않았음을 단박에 알아챘다. 시장 입구부터 늘어선 노점상들, 지나가는 손님들에게 고래고래 소리 지르며 자신의 물건을 소개하는 상인들, 손가락을 접었다 펴며 흥정하기에 바쁜 사람들을 보고 있자니 금세 기운이 나는 것 같았다. 야채, 생선, 생활 잡화, 전자제품, 기념품에서 다이아몬드, 사파이어, 루비 등 보석 원석 생산국답게 반짝이는 보석가게까지 시장 안에는 없는 게 없었다. 비닐봉지에 담아주는 시원한 사탕수수주스를 마시며 시장 곳곳을 누비고 다녔다.

시장 안쪽까지 들어가자 우리네 먹자골목과 비슷한 먹을거리들이 즐비한 골목이 나왔다. 한 평 남짓한 동그란 공간에 주인아주머니가 앉아있고 아주머니를 둘러싼 작은 식탁엔 덮밥, 쌀국수, 샌드위치, 빙수, 닭구이, 생선구이 등이 놓여 있었다. 시장기가 발동해 작은 플라스틱 의자를 끌어당겨 쌀국수를 파는 아주머니를 마주 보고 앉았다.

"수어 쓰데이, 꾸이띠우(안녕하세요, 쌀국수 주세요)."라고 반갑게 말을 건네니 아주머니가 수줍게 웃으며 고개를 숙였다. 그러곤 이내 익숙한 손놀림으로 후다닥 국수를 만들기 시작하더니 작은 식탁 앞에 먹음직한 쌀국수 한 그릇을 순식간에 만들어 내놓았다. 두 손으로 그릇을 들어 국물 먼저 맛보았다. 젓갈을 넣었는지 비릿한 맛이 감돌았지만 못 먹을 정도는 아니었다. 날 뚫어져라 쳐다보고 있는 아주머니에게 맛있다는 의미로 웃어 보이고는 국수를 먹기 시작했다.

날 쳐다보고 있는 건 내 앞의 아주머니만은 아니었다. 옆에서 빙수를 팔고 있는 아주머니도 생선을 굽느라 쉼 없이 부채질을 하고 있는 아주머니도 시장을 오고가는 사람들의 시선도 모두 나를 향해 있었다. 급기야 지나가던 할아버지 한 분은 내 옆자리에 앉으시더니 뭐라고 말을 건네셨다. 맛있냐고 물어보는 것인지, 어디서 왔냐는 것인지 알아들을 방법이 없어 연신 웃으며 맛있게 국수를 먹었더니 어깨를 쓰다듬어 주시고는 흐뭇한 미소를 내려놓고 가셨다. 여행자의 특권은 이런 것이다. 가끔 이방인이라 서러운 점도 있지만 이렇게 시장에서 국수 한 그릇 먹는 것으로도 예쁨 받을 수 있는 신분이라는 것.

그릇을 깨끗이 비워내고 이번엔 옆의 빙수 가게에 자리를 잡았다. 자그마한 플라스틱 그릇에 얼음가루를 켜켜이 쌓고 그 위에 빨갛고 파란 시럽을 뿌려주는 빙수. 어릴 적 학교 앞에서 사먹었던 불량식품 바로 그 맛이다. 천천히 얼음을 녹여가며 아주머니와 손짓 발짓으로 이런저런 이야기를 나누었다. 깊게 팬 보조개가 예쁜 아주머니는 나와 동갑이었다. 신랑은 다른 도시에서 일을 하고 있고 이곳에서 세 명이나 되는 아이를 홀로 키우고 있단다. 그럼에도 그늘 하나 없이 밝은 웃음을 보여준 그녀. 힘차게 얼음을 갈고 그 얼음에 색을 입혀가며 열심히 살고 있는 그녀를 보며 캄보디아의 첫날 보았던 붉은 흙길, 그리고 그로 인해 끝없이 가라앉던 슬픔이 조금씩 걷히고 있었다.

세상 어디에도 슬픔만 존재하는 곳은 없다. 행복만 존재하는 곳도, 눈물만 존재하는 곳도 없다. 이렇게 적당히 고통과 상처가 눈물과 환희로 얼기설기 어우러지며 둥글게 굴러가는 것이다. 사람 사는 건 어디건 닮아 있다. 다시 한 번 그 모습을 확인하고 나니 마음이 놓여진다.

돌아가는 길, 나를 잡아끌던 과일가게 아주머니에게 망고스틴을 한 봉지 샀다. 끈질기게 흥정하고 망고스틴 몇 개를 봉지 안에 더 집어넣으니 매서운 손바닥이 등 한복판에 내리꽂힌다. 그 매운 손맛조차 기분 좋아 아주머니와 손을 맞잡고 한바탕 웃었다.

다행이다. 슬픔으로만 기억되지 않아서. 캄보디아, 그곳에서도 여전히 움트는 삶과 희망을 마주할 수 있어서.

Vietnam

호치민에서 길을 건너는 방법

입국심사대를 지나면서 딱딱한 제복과 온통 붉은 휘장들로 인해 약간 경직되었던 마음이 호치민 Ho Chi Min 에 들어서자 안정을 되찾기 시작했다. 사회주의 국가인 베트남 최대 도시이자 상업과 경제의 중심지인 호치민. 그러나 이곳 역시 다른 동남아 도시들과 별반 다르지 않았다. 유난히 오토바이가 많다거나, 생각보다 곳곳에 공원이 많다거나, 밤낮으로 운동하는 사람들이 많다거나, 거리에서 꽃을 파는 사람들이 많다는 것 등은 태국이나 라오스 같은 다른 동남아 국가들과 확연히 다른 모습이었지만, 그것은 사회주의 국가라는 이유로 내가 가지고 있던 선입견과는 차원이 다른 것이었다.

물건을 사고팔며 흥정을 하고 홍보 전단지를 나눠 주고 호객행위를 하고 그런 것들에 무심한 듯 거리를 걷거나 자전거를 타고 달리는 사람들이 가득한 호치민의 여행자거리 데탐 DeTham 에 서 있으면서 무언가 다를 거라고 기대했던 내 짧은 생각들이 부끄러워졌다.

숙소에 짐을 내려놓고 통일궁과 전쟁박물관, 벤탄 시장, 노트르담 성당, 호치민 시 인민위원회 청사 등을 둘러봤다. 그들의 문화나 뼈아픈 과거 그리고 생활 모습, 문화 등을 엿보면서 많은 것들을 느끼고 배웠지만 무엇보다 제일 몸에 와 닿는 것은 '베트남에서 길을 건널 때는 나 자신만 생각하면 된다.' 는 다소 엉뚱하고 단순한 것이었다.

호치민 시내에는 오토바이가 많다. 많아도 너무 많다. 매연과 소음도 굉장하다. 오토바이, 자동차, 버스, 택시, 시클로가 뒤섞인 도로를 건너는 것은 여간 난감한 일이 아니다. 달려오는 오토바이를 피하면 다른 쪽에서 오토바이가 달려들고, 오토바이 뒤의 자전거가 미끄러지면서 그 뒤에 따라오던 자동차가 경적을 울려댄다. 내가 멈칫하는 사이에 도로는 순식간에 엉망이 되어버리는 것이다. 몇 번이나 사고를 당할 뻔하고 나서야 길 건너는 방법을 터득했다. 그저 묵묵히 앞만 보고 천천히 걸어가는 것. 그것은 베트남에서 가장 안전하고 빠른 도로 횡단 방법이었다. 그들은 내 우려와는 상관없이 익숙한 운전 솜씨로 나를 잘 피해갔다.

정신없이 하루를 보내고 난 뒤 허기진 배를 채우러 다시 데탐 거리로 돌아왔다. 거리가 온통 고기 굽는 냄새와 연기로 가득했다. 사람들은 우리나라의 목욕탕 의자처럼 생긴 낮은 의자에 앉아 거리에서 저녁을 먹고 있었다. 구운 고기를 얹은 덮밥 냄새가 어찌나 향긋하던지 나도 덩달아 의자 하나를 끌어당겨 앉아 그들 속에서 식사를 했다.

껌 보Com bo(쇠고기 덮밥)는 우리의 양념갈비와 비슷한 맛이 났다. 커다란 접시 하나에 밥을 뜨고 그 위에 미리 재워둔 고기를 숯불에 구워 얹고 간단한 야채 몇 가지를 얹어주는데 어찌나 맛있던지 순식간에 접시 한 그릇을 뚝딱 비워냈다. 그리고 호스를 통해 뽑아주는 비릿한 생맥주까지 한잔 마시고 있으니 벌써 베트남 사람이 다 된 듯한 기분이 들었다.

허리를 바로 펼 수도 없는 낮은 플라스틱 의자에 쭈그리고 앉아 지나가는 사람들을 바라봤다. 가끔씩 아오자이Ao Dai(베트남 여성의 전통의상)를 입고 걸어가는 여학생들만이 이곳이 베트남이라는 사실을 인지시켜줄 뿐 전혀 낯설지 않은 풍경이었다. 한국에서 멀리 떠나와 인도, 네팔, 태국, 캄보디아를 거쳐 이곳까지 흘러왔는데 눈앞에 너무나 익숙한 풍경들이 펼쳐지니 기분이 묘했다. 그토

록 도망치고 싶어 떠나왔던 일상이 그리움으로 변해 가슴 한쪽을 뻥 뚫고 지나갔다.

온갖 서류들과 잡동사니로 복잡하던 사무실 내 책상, 혼자 즐겨 찾던 극장 앞 계단, 캔 맥주 하나와 함께 했던 주말의 명화, 출퇴근 시간 사람들로 가득 찼던 버스와 지하철, 답답할 때마다 찾아갔던 한강의 공원, 퇴근 후 친구들과 함께 했던 저녁식사, 늘 시끌벅적하던 우리 집 거실 풍경.

이런 것들이 그리워지리라고는 생각지도 못했다. 너무 익숙해서 가끔씩 지겹기도 권태롭기도 했던 나른한 일상들이 이곳에 오니 특별하게 느껴진다. 너무 많이 가지고 있어서 깨닫지 못했던 행복들이 내려놓으니 이제야 하나하나 가슴 깊이 사무친다.

자리를 털고 일어나 근처 공원으로 갔다. 공원엔 태권도를 배우는 베트남 사람들, 주인과 산책 나온 강아지들, 서커스 수준으로 제기를 차며 시합을 벌이는 사람들 등 여전히 많은 사람들로 북적였다. '동남아시아의 떠오르는 용'. 베트남 앞에 흔히 붙는 수식어가 오늘따라 가볍게 생각되지 않는다. 바쁘게 움직이는 사람들, 밤늦도록 지칠 줄 모르고 일하는 사람들, 빠르게 달리는 오토바이 행렬. 어쩌면 베트남은 우리가 생각하는 것보다 훨씬 더 빨리 떠오를지 모른다. 겉으로 보이는 높은 빌딩과 잘 정돈된 도로들보다 그 속에 사는 사람들이 결국엔 문화를, 경제를 발전시키는 원동력이기 때문에.

늦은 밤, 데탐 거리를 환히 밝히고 있는 네온사인과 꺼지지 않는 상점의 불빛들이 머릿속에 불쑥불쑥 떠오르는 상념들과 섞여 복잡하게 돌아갔다. 잠자리에 들기 어려울 것 같아 숙소 근처 바를 찾아가 맥주를 한잔 시켰다. 그리운 것들은 그리워하고 보고 싶은 얼굴들은 죄다 떠올려 보고 싶어 하기. 여행이 길어질수록 참는 것보다 풀어내어 그대로 느끼는 일이 더 쉬워진다.

무이네에 요정들이 살아요

데탐 거리에서 오픈투어티켓Open Tour Ticket(여행사나 호텔에서 구입할 수 있으며 몇 개의 도시에 정차하느냐에 따라 금액이 계산된다. 출발일을 지정하지 않은 티켓을 발급받은 후 출발일 하루 전에 좌석을 확인하고 예약하면 된다.)을 구입한 후 여섯 시간 걸려 도착한 무이네Mui Ne는 야자수가 가득한 작은 해변 마을이었다. 그러나 휴양지나 관광지의 느낌보다는 어촌 마을의 향기가 품어져 나오는 소박한 곳이었다.

바닷가 가까운 곳에 숙소를 잡고 의자에 앉아 책을 읽고 있으니 호치민의 시끄러운 오토바이 굉음과 복잡하고 빠르게 돌아가던 시간이 한없이 먼 옛날처럼 느껴졌다. 호치민만 둘러보고 베트남을 떠났더라면 내 기억 속 베트남은 늘 그런 분주한 모습이었을 것이다.

여행이 길어질수록 어떤 나라에 대해 한마디로 표현하는 것이 버거워지는 이유가 여기에 있다. 내가 가보지 못한 수많은 도시들, 만나보지 못한 사람들, 그리고 여행자 시선으로 느낀 감정으로 한 나라를 표현한다는 것은 어쩌면 무의미하고 어리석은 일일지도 모른다.

시원한 바람을 맞으며 바닷가를 따라 걸었다. 멀리 작은 대바구니를 타고 그물질을 하는 어부의 모습이 눈에 띄어 그들이 잘 보이는 곳으로 갔는데 작은 언덕 너머로 고깃배들이 빼곡하게 서 있었다. '피싱 빌리지Fishing Village'라고 적힌 여행자들을 위한 녹슨 안내판 뒤에는 그물을 손질하거나 삼삼오오 모여

술을 한잔하며 이야기꽃을 피우는 사람들로 가득했다.

  아이들은 공처럼 생긴 둘둘 말린 천 조각을 차고 놀다가 가끔씩 카메라를 들이대는 내가 신기한지 렌즈를 뚫어져라 쳐다봤다. 한 아주머니는 알아듣지 못하는 말로 내게 무어라 말을 하더니 어린아이를 카메라 앞에 세우고는 멀찌감치 떨어져서 연신 사진을 찍는 포즈를 취했다. 무슨 말인지 알아들었다는 듯 아이의 사진을 찍어 아주머니께 보여주자 얼굴에 금세 함박웃음이 번졌다. 그러자 주위 사람들도 하나둘 몰려와서 사진을 구경하기 시작했다. 사진을 찍고 바로 볼 수 있는 디지털카메라가 신기했는지 아주머니들은 서로 자신의 아이를 번갈아가며 세웠다. 아이들은 뻣뻣하게 굳은 채 렌즈를 뚫어져라 바라봤다가 자신의 모습을 구경하러 단박에 달려왔다. 난 어느 순간 사진사가 됐고 그들은 모델이 되었다.

  시끌벅적하게 웃고 떠들다가 사진기만 들이대면 순식간에 조용해지는 마을사람들을 보고 있자니, 사진 찍을 때 소리를 내면 안 될 것 같아 눈물이 나도 웃음이 나도 꾹 참던 나의 어린 시절이 생각났다. 사람들에게 그러지 않아도 된다고, 사진 찍을 때 소리는 아무런 상관이 없다고 온몸을 써가며 설명해줬지만 그때만 고개를 끄덕일 뿐 카메라를 들면 다시 침묵하기 시작했다. 찍은 사진을 보내 주려고 주소를 물었지만 그 자리에 있던 사람들은 본인의 이름조차 글로 쓸 줄 몰랐다. 그저 지금 이 순간이 즐거운 그들처럼 나도 이 순간을 즐기며 사진을 찍고, 때로는 찍히며 시간 가는 줄 모르고 어울려 놀았다.

  무이네 최대 볼거리인 모래언덕 Sand Dune 을 찾아갔을 때는 널빤지를 들어 보이며 미끄럼을 타라고 호객행위를 하는 꼬마아이들과 함께 앉아 모래성을 쌓았다. 점점 더 많은 아이들이 내 주위에 모여들자 모래를 쌓아 올리고 그 위에 나뭇가지를 꽂은 후 한 명씩 모래를 퍼내어 나뭇가지를 쓰러뜨리지 않는 놀이를 시작했는데, 모두들 처음 하는데도 어찌나 신이 나서 잘하는지 나도 덩달

• 서른, 여행

아 동심의 세계로 돌아가는 듯했다. 그러나 관광객들이 몰려드는데 나와 노는 일에만 정신이 팔린 아이들이 못마땅했는지 몇몇 엄마가 자신의 아이들을 데리고 갔다. 엄마 손에 이끌려서 가면서도 "금방 다시 오겠다."며, "내일 또 올 거냐?"고 묻는 아이들. 아이들은 금방이라도 눈물을 흘릴 듯한 눈으로 엄마에게 끌려가다가 금세 생업전선에 뛰어들어 널빤지를 들고 이리저리 뛰어다녔다. 그들이 신나게 타고 놀아야 할 널빤지를 관광객들에게 들이밀며 발이 푹푹 빠지는 모래구릉을 힘겹게 걷고 있는 아이들을 보고 있자니 마음이 아팠다.

집으로 돌아가는 길 '요정의 샘 Fairy Spring'이란 간판이 눈에 띄어 무작정 찾아가 보았다. 산을 타고 내려오는 작은 계곡을 따라 올라가는 아기자기한 길이었다. 샘까지 올라가는 길이 작고 아름다워 요정의 샘이란 이름이 붙여진 듯싶었다. 얕고 맑은 계곡에 발을 담그고 물 위를 거슬러 올라가다보면 작은 꽃밭과 이름 모를 풀꽃들이 나타나고 붉은색의 특이한 암벽도 나오는데 작은 물길 어딘가에서 요정들이 우리의 모습을 훔쳐보고 있을 것만 같은 신비스러운 곳이었다. 갑자기 모래언덕에서 만난 아이들이 떠올랐다. 아이들이 이런 곳에서 뛰어 놀아야 할 텐데.

아이들은 지금도 널빤지를 들고 모래언덕을 이리저리 뛰어다니며 돈을 벌고 있을 것이다. 모래놀이를 하며 까르륵 웃던 아이들의 모습이 눈에 선하다. 착하고 순수한 눈망울을 가진 널빤지를 타고 다니는 모래 요정들. 무이네 요정은 요정의 샘이 아니라 모래언덕을 가야 만날 수 있다.

행복? 그건 정말 별게 아니다

베트남 최대의 해변 휴양지다운 화려한 모습을 하고 있는 나짱 Nha Trang은 무이네와는 다른 느낌의 해변 마을, 아니 도시다. 나짱 해변은 한낮에 일광욕을 하는 여행자들로 한가한 반면, 해질 무렵에는 연을 날리는 가족들, 데이트를 하는 젊은 남녀들, 운동을 하는 사람들로 6km 정도 되는 해변이 가득 차는데 현지인과 관광객이 어우러져 나짱의 또 다른 매력을 느낄 수 있다.

나짱에는 '보트투어' 라는 유명한 여행 상품이 있다. 나짱 주변의 섬들을 보트를 타고 돌면서 수영과 스노클링을 즐기고 점심식사는 물론 와인도 맛볼 수 있는 하루 일정의 여행상품인데, 5~6달러의 저렴한 비용으로 꽤 즐거운 추억을 만들 수 있어 여행자들 사이에선 '나짱에서 꼭 해야 할 일' 중 하나로 꼽힌다. 필리핀이나 다른 섬에서 이미 경험했던 '아일랜드 호핑 투어'와 별반 다르지 않을 것 같아 별 관심을 갖지 않았는데 우연히 만난 한국여행자들로부터 적극 추천을 받아 엉겁결에 숙소 안내데스크에 투어신청을 해버렸다.

다음 날 오전 아홉 시, 내가 머물고 있는 숙소로 여행사버스가 왔다. 자그마한 항구에 도착한 우리는 가이드의 지시에 따라 준비되어 있는 배에 차례로 올라탔다. 스무 명 남짓 되는 사람들이 배에 전부 오르자 배는 곧장 먼 바다로 항해를 시작했다.

바다 빛깔은 짙고 푸르렀다. 태국이나 한국의 바다와는 또 다른 느낌이었다. 깊고 짙어 보이지만 영롱한 푸른빛을 띤 오묘한 색깔. 30분쯤 달렸을까. 배가 멈추고 닻을 내렸다. 가이드는 스노클링 장비와 구명조끼를 나눠주며 수영을 즐기라고 했다.

외국인여행자들은 뱃머리에서 다이빙을 하며 스릴을 즐겼다. 나도 덩달아 스노클을 끼고 바다로 뛰어내렸다. 물속이 생각만큼 깨끗하지 않아 시야가 나오질 않았다. 가이드가 던져준 빵으로 물고기들을 유인해봤지만 물만 탁해질 뿐 태국에서 보았던 예쁜 열대어들을 볼 수 없었다. 스노클을 벗어 던지고 오랜만에 바다 수영을 마음껏 즐겼다.

그러는 사이에 여행사직원들은 푸짐한 점심식사를 준비했다. 물놀이로 금방 허기가 졌는지 상이 다 차려지기 전인데도 사람들이 배 위로 하나둘씩 올라와 식사를 시작했다. 근사하게 차려진 점심식사를 함께 하며 여행자들과 인사

· 서른, 여행

를 나누고 친해질 즈음 플라스틱 양동이 드럼, 냄비 뚜껑 심벌즈, 주전자 탬버린 등으로 구성된 밴드가 기가 막히게 멋진 연주를 시작했다. 어느새 식탁으로 변형된 벤치로 올라가 노래를 따라 부르고 춤을 추는 여행자들. '라밤바'로 시작해 '호텔 캘리포니아'로 잔뜩 고조된 분위기는 바다로 그대로 이어져 튜브에 몸을 싣고 바다에 둥둥 뜬 채 와인을 마시는 것으로 끝이 났다.

작은 섬으로 또 한 번 이동한 배는 승객들에게 자유 시간을 두어 시간쯤 주었다가 돌아오는 길에 어촌을 방문하고, 대바구니 배타기 체험을 한 후 다시 숙소로 우리를 데려다 주었다. 그 시간이 오후 여섯 시경이었으니 온종일 이런 호강이 없다. 물론 스노클링 지역에서는 입장료를 지불해야 하고 대바구니 체험은 별도의 비용이 들긴 했지만, 그렇다 치더라도 가격대비 만족도는 월등히 높았다. 기분 좋은 하루를 함께 나누는 다른 여행자들과 친구가 되는 보너스도 얻고 말이다. 왜 '나짱' 하면 '보트투어'라는 공식이 생겼는지 몸소 체험하니 절로 고개가 끄덕여졌다. 저녁식사를 하러 나간다는 한국 여행자들을 다시 만났다. 내 얼굴에서 만족한 미소를 발견했는지 "역시 하길 잘했죠?"라며 대답을 들을 생각도 없이 숙소 밖을 나선다.

대강 짠 기운을 헹궈내고 나짱 해변으로 걸어갔다. 숯불에 노릇노릇하게 구워진 옥수수를 하나 사서 물고 해변을 걸으니 세상에 부러울 것이 없다. 행복. 이럴 때 쓰는 말이었던가. 늘 갖고 싶어 아등바등 거리며 살 땐 내 것이 아닌 듯 멀리 달아나던 녀석이 오늘은 이렇게 옆에 찰싹 달라붙어 있으니 그래, 행복은 그리 대단한 게 아닌 것 같다.

느끼며 살아야겠다. 조금 더 여유롭게 즐기면서 살아야겠다. 살아지게 두는 것이 아니라 삶을 온전히 내 것으로 만들어 정성을 다해 살아내야겠다. 가끔은 뛰지 말고 걷고, 걷지 말고 멈춰 서고, 앞만 보지 않고 뒤 돌아보며. 행복? 그건 정말 별게 아니다.

나쁜 사람들만 모여 사는 세상은 없다

나짱에서 호이안Hoi An, 훼Hue, 하노이Ha Noi까지 오르는 동안 오픈투어버스와 숙박업소의 지나친 호객행위에 지쳐 이동하는 게 제일 큰 일이 되어버렸다. 약속한 장소에 내려주지 않고 여행사와 연결된 숙박업소 앞에 내려주거나 다른 숙박업소를 찾아 나서면 온몸으로 막아서며 협박하기가 일쑤였다. 말로 하다가 안 되면 금세 큰 소리가 터져 나오고 어깨를 밀치며 몸싸움도 서슴지 않았는데 북쪽으로 오를수록 사람들이 점점 거칠어졌다.

하노이에 도착했을 때 오픈투어버스는 아무것도 없는 허허벌판에 멈춰 섰다. 훼에서는 하노이 시내 중심에 있는 호안 끼엠 호수Hoan Kiem Lake 근처에 버스가 정차한다고 했는데 또 다른 곳에 멈춰 서자 여행자들 모두 내리기를 거부했다. 나이가 지긋하게 드신 할아버지 한 분이 나서 운전사에게 다시 떠날 것을 요구했지만 말이 통하지 않는 운전사는 시동을 꺼버리고 버스에서 내렸다. 그러더니 영어가 익숙한 젊은 여자 한 명이 버스에 올라타 도로에 문제가 생겨 버스로는 갈 수가 없으니 택시를 타고 호안 끼엠 호수 근처까지 이동해야 한다며 여행자들을 설득했다. 뭔가 찜찜했지만 선택의 여지가 없었다. 외진 도로에는 택시는커녕 승용차도 한 대 지나다니지 않았다.

이미 버스에서 다 꺼내진 배낭을 찾아 둘러메고 여자를 따라 일렬로 늘어선 택시에 올라탔다. 몇몇 여행자들이 왜 이런 상황이 벌어진 것이며 택시비는 어떻게 해야 하나 물어봤지만 여자는 도착해서 전부 설명할 것이고 택시비는 본인이 지불하니 걱정하지 말라며 안심시켰다.

하지만 우리가 택시를 타고 내린 곳은 호수가 아니라 그녀가 운영하는 게스트하우스였다. 그녀는 택시에서 내린 사람들을 좁은 1층 로비에 몰아 놓고 오픈투어버스와 연계한 게스트하우스이니 이곳에서 무조건 숙박을 해야 한다며 사람들에게 강제적으로 방 열쇠를 나눠주기 시작했다. 이미 다른 곳에서 비슷한 사례를 경험했던 여행자들은 열쇠를 테이블에 올려놓고 출입구로 걸어갔다. 그러나 유리문 안팎엔 건장한 사내들이 지키고 서서 문을 열어주지 않았다. 유리문을 발로 차며 열어달라고 요구하는 여행자들에게 달려간 여자는 날카로운 목소리로 소리를 지르며 여기서 묵지 않으려면 택시비를 지불하고 나가라고 했다. 다행히 택시가 미터기를 켜고 있어서 1만3,000동이 조금 넘는 금액을 확인했었다. 함께 타고 온 여행자들이 모여 1만5,000동을 모아 여자에게 건네줬더니 1인당 5만동씩 내야 한다며 돈을 받지 않는다. 자기네가 택시를 대절한 요금까지 지불해야 한다며 막무가내였다. 상황이 여의치 않게 돌아가자 몇몇 사람들은 그냥 그 숙소에 머물기로 했는지 열쇠에 적힌 방을 찾아 하나둘씩 떠나갔다. 하지만 나는 물론 대다수의 여행자들은 이곳을 빠져 나가기 위해 안간힘을 썼다.

그때 누군가가 여자에게 5만동을 건넸다. 5만동이면 꽤 괜찮은 도미토리를 구할 수 있는 큰 금액이었지만 그렇게 주고서라도 이 답답한 상황에서 벗어나고 싶었던 것이리라. 여자는 흔쾌히 그 사람에게 문을 열어주었다. 우리는 그때를 놓칠세라 1만5,000동을 그 여자에게 던지고는 문밖으로 탈출했다. 그러나 얼마 지나지 않아 다섯 명의 일행 중 나를 비롯한 세 명이 붙잡혔다. 뒤 따라 온 여자는 유일한 여자였던 내가 제일 만만했는지 내 배낭을 세차게 흔들며 나를 땅바닥으로 밀쳤다. 너무 순식간에 일어난 일이라 깜짝 놀라 어쩌지를 못하고 있는 사이 앞서 갔던 일행들이 돌아와 나를 일으켜 세웠다.

 길 한복판에서 외국인들이 베트남사람에게 잡혀 있는 모습에 호기심이 발동했는지 사람들이 모이기 시작했다. 그 여자는 계속해서 5만동을 내놓으면 풀어주겠다고 협박을 했다.

 우리 일행들은 사람들에게 경찰을 불러달라고 소리를 지르기 시작했다. 지켜보고 있던 아저씨 한 분이 다가와 자초지종을 묻고는 기꺼이 본인의 휴대전화를 꺼내 경찰을 불러주었다. 그들은 우릴 붙잡고 있던 손을 풀어내고는 점점 뒷걸음질 치기 시작했다. 그리고 멀리서 사이렌 소리가 들리자 흔적도 없이 사라졌다.

 아저씨는 흙투성이가 된 내 배낭과 점퍼를 손으로 탁탁 털어주었다. 우리 일행들은 다친 곳이 없는지 내게 다가와 묻고 걱정해 주었다. 기다리던 경찰차는 오지 않았다. 아저씨는 경찰을 부르는 시늉만 했다고 했다. 그럼 때마침 울리던 사이렌 소리는 어디서 들려왔던 걸까.

 놀란 마음을 진정시키자마자 두통이 밀려왔다. 사람에게 시달리는 일은 정말이지 지상 최고의 스트레스다. 우리는 근처 노천카페에 앉아 연유가 듬뿍 들어간 베트남식 커피를 마시며 믿을 수 없는 오늘의 일들에 대해 이야기했다. 다양한 사기가 판을 치는 인도에서도 이런 경험은 해보질 못했다. 사람이 무섭다고 느낀 건 이번이 처음이었다. 어떻게 그 작은 여인의 몸에서 그런 힘이 나오는지, 야무진 눈매에서 쏟아져 나오는 눈빛은 또 얼마나 매섭던지.

 우리를 카페로 인도해 준 베트남아저씨는 언제 자리를 뜨셨는지 보이질 않았다. 정신이 없어 고맙다는 인사도 제대로 못했는데.

 해가 뉘엿뉘엿 지기 시작하자 우리는 자리에서 일어나 다시 각자의 길로 향하기로 했다. 그리고 계산을 하기 위해 카운터로 갔을 때 아저씨가 우리의 커피 값까지 모두 계산하고 가셨다는 걸 알았다. 다시는 베트남사람과 상종을 하지 않겠다며 호언장담을 하고 일어섰던 터라 뜨끔했다. 얼른 뛰어나가 아저씨를 찾아보았지만 찾을 수가 없었다. 일행들과 작별인사를 하고 숙소를 찾아 여기저기 거리를 헤매면서도 혹시나 아저씨를 만날까 싶어 사람들을 유심히 보고 다녔지만 아저씨의 모습은 끝내 찾아 볼 수 없었다.

사람에게 받은 상처는 사람에게서 치유 받아야 한다고 했던가. 그날 베트남사람에게 떠밀려 처음으로 길거리에 나뒹굴어야 했던 상처는 베트남사람이 베푼 커피 한잔으로 충분히 치유가 되었다. 어디든 나쁜 사람만 있는 곳은 없나보다. 오늘 나는 그저 운이 조금 나빴을 뿐이다.

어느 한 면만 바라보고 전체를 판단해버리는 것이 얼마나 무서운 일인지 알고 있으면서도 또다시 우를 범할 뻔했다. 한 발자국 떨어져 생각해보면 아무것도 아닌 일인데 한 걸음을 떼어내기가 쉽지 않은 빡빡한 일상들과 쓸데없는 고집들이 나를, 사회를, 세상을 점점 더 팍팍하게 만드는 것 같다.

나쁜 사람들만 모여 사는 세상은 없다. 좋은 사람들만 모여 사는 세상이 없는 것처럼. 다시금 마음깊이 새겨두어야겠다. 그리고 훗날, 누군가에게 커피 한잔쯤은 베풀며 살아갈 수 있는 넉넉한 사람이 되어 있길 바란다.

효도관광지가 되어 버린 하롱베이

바다 위에 떠 있는 3,000여 개의 섬으로 영화 〈인도차이나〉의 배경이기도 하고, 석회암 카르스트 지형의 멋진 풍경으로 잘 알려진 하롱베이HaLong Bay. 그러나 무엇보다 하롱베이는 모 항공사 CF의 문구처럼 '부모님을 모시고 다시 와야 하는 곳'으로 더 잘 알려져 있다. 그 광고 덕에 하롱베이는 효도관광지가 되어 버렸지만 정작 부모님을 모시고 온 자녀들의 모습은 찾을 수 없었다. 똑같이 모자와 조끼를 입고 패키지여행을 온 어르신들의 모습만 가득할 뿐. 매스컴의 위력을 다시 한 번 실감하면서도 바쁜 일정에 쫓겨 피곤한 기색이 역력한 할아버지, 할머니들을 보고 있으니 안타까운 마음이 들었다.

광고에서 본 것처럼 돛을 펴고 멋지게 바다를 항해하는 배도 없고(하롱베이는 바람이 세서 돛을 펴고 항해하는 날이 일 년 중 손에 꼽을 정도란다.) 영화 〈인도차이나〉에서처럼 안개가 자욱한 멋진 풍경도 볼 수 없었다. 바다 위에 떠 있는 3,000여 개의 섬은 중국의 구이린(桂林)과 견주어지는 비경이라고는 하는데 내 눈에는 몇 년 전 취재차 들른 전라남도 백도의 절경보다 별로였다.

그러나 하롱베이는 여전히 인기가 있다. 대한민국의 착한 아들딸들 덕에 앞으로도 몇 년간은 이 인기를 계속 이어나갈 것이다. 한 가지 바람이 있다면 자녀들의 손을 잡고 넉넉한 여행을 즐기는 어르신들의 모습이 많이 보였으면 좋겠다는 것뿐. 1박 2일 동안 영화 〈인도차이나〉의 여주인공이 되어 하롱베이

를 느껴보겠다는 꿈은 깊은 바다에 던져 버리고 늦은 오후 다시 하노이로 돌아왔다.

하노이 시내 중심에 있는 호안 끼엠 호수에 앉아 시원한 아이스크림을 먹으며 망중한을 즐기다가 근처 탕롱 수상인형극장 Thang Long Water Puppet Theater으로 발걸음을 옮겨 한 시간 정도 되는 수상인형극을 보고 나오니 바깥은 이미 어둠이 짙게 깔려 있었다. 호수 근처 쌀국수 집에 들어가 숙주가 잔뜩 들어 있는 뜨거운 퍼 가 Pho Ga(닭고기 쌀국수)를 한 그릇 비워내고 노점에 앉아 비아 허이 Bia Hoi(생맥주)를 한잔 하고 있으니 다시금 베트남의 향기가 느껴진다.

하노이 시내엔 오늘도 수많은 오토바이들이 밤늦은 줄 모르고 굉음을 내며 달린다. 시클로와 택시, 승용차와 사람들로 뒤섞인 거리. 어느새 베트남에 익숙해졌는지 이런 복잡한 풍경도 낯설지가 않다.

베트남은 끊임없이 움직이며 변화하고 있다. 남쪽에서 북쪽을 오르는 십오일 동안 그 변화의 속도가 여행자의 눈으로도 느껴질 지경이니 아마 몇 달, 몇 년이 흐른 뒤의 베트남은 지금과는 또 다른 모습으로 변해 있을 것이다. 그때가 되면 하얀색 아오자이를 입고 자전거를 타는 여학생들이나 논 Nonh(베트남 여성들이 쓰고 다니는 원추형의 모자)을 쓰고 거리를 활보하는 중년 여성들을 볼 수 없을 것 같아 벌써부터 아쉽다.

아오자이, 논, 시클로, 거리 음식점. 베트남이 '아시아의 떠오르는 용'에서 '아시아 최고의 나라'로 변한다 해도 그 나라가 가진 고유의 향기들은 오래오래 영원히 변하지 않고 그곳을 지켰으면 좋겠다. 아, 오늘따라 시장에서 쪼그려 먹었던 뜨끈한 쌀국수 한 그릇이 생각난다.

• 서른, 여행

Laos

조용하고 소박한 라오스의 수도

라오스의 수도 비엔티안 Vientiane에 도착했을 땐 벌써 어둠이 짙게 깔려 있었다. 후텁지근한 밤공기와 가끔씩 지나다니는 차들이 피워내는 마른 먼지, 장시간 버스를 타고 난 후의 피곤함 때문에 라오스에 첫발을 내딛었을 때의 감정 따위는 느낄 겨를이 없었다. 어서 숙소를 구한 후 땀과 먼지로 뒤범벅이 된 옷을 벗어버리고 차가운 물로 샤워를 하고 싶다는 생각만 간절했다.

가이드북에서 미리 점 찍어둔 몇 곳의 게스트하우스를 차례대로 들렀는데 썰렁한 거리 풍경과는 다르게 빈 방이 없었다. 가로등도 변변치 않은데다가 몇 군데 불을 밝힌 간판들이 하나둘씩 꺼지자 피곤이 한꺼번에 몰려오는 듯했다. 이럴 때면 허탈하고 막막해지곤 한다. 겨우 숙소 하나 찾지 못한 것뿐인데 '이 넓은 세상에 내 몸 하나 편히 누일 공간이 없다.'는 신세한탄부터 시작해서, 아무 느낌 없이 드나들고 때로는 들어가기 싫어서 이런저런 핑계를 만들어냈던 집 생각이 나기 시작한다. 푹신하고 깨끗한 침대가 놓여 있는 내 방, 다소 시끄러운 저녁의 거실 풍경이 연달아 떠오르면서 대책 없이 우울해졌다.

무거운 가방을 내려놓고 가로등에 기대어 긴 한 숨을 내몰아 쉬고 있는데 멀지 않은 곳에 한글로 '게스트하우스'라고 쓰인 간판이 보였다. 여행 초반 같았으면 일부러라도 피해 다녔을 테지만 여행이 길어지니 한국숙소며 식당, 한국사람들, 심지어 한글과 태극기만 봐도 마음이 울렁거리는 증상이 생겼다.

문을 열고 들어가자마자 "방 있어요?" 나도 모르게 한국말로 물었다. 나를 멀뚱하게 바라보는 라오스청년과 눈이 마주치자 '아차' 싶은 생각이 들어 다시 영어로 물어봤는데 라오스청년은 어눌하긴 하지만 "있어요."라며 고맙게도 한국말을 들려주었다. 일단 가방을 카운터에 내려놓고 청년을 따라 딱 하나 남아있다는 빈 방을 보러 2층으로 올라갔다. 복도가 시작되는 곳에 있는 창문도 없는 교도소 독방 같은 곳. 방은 어두침침한 형광등과 얼룩진 침대가 전부였지만 간단한 한국말을 할 줄 아는 종업원과 1층에 있는 각종 한국 책, 신문, 심지어 한글이 박혀있는 달력마저 사랑스러워 보이는 이곳에서 하룻밤 묵어야겠다고 마음을 정했다.

복도 너머로 간간이 들리는 손님들의 한국말을 흐뭇하게 감상하며 잠시 쉬고 있는 사이, 벽에 붙어있는 또 하나의 한글이 눈에 띄었다. '이곳은 여행정보를 가르쳐 주는 곳이 아니니 숙박객을 제외한 사람들은 1층 로비에 머물지 마시오.' 라는 안내문. 그 옆 생수통 위에는 '외부유출 금지' 라는 원자력 발전소에나 어울림직한 안내문도 붙어있었다. 처음엔 '동남아치고 물이 귀하지 않은 곳이 없지만 라오스는 특히 그런가 보구나.' 하고 이해하려고 했다. 그러나 한글로 적혀있는 살벌한 경고문을 읽지 못하는 몇몇의 외국인 숙박객들이 물을 담아 당당히 외부로 유출(?)하고 있는 걸 목격하자 마음이 불편해지기 시작하더니 이내 가시방석에 앉아 있는 듯 몸도 불편하게 느껴졌다. 한국의 인심 같은 건 잊은 지 오래였지만 이런 상황을 대할 때마다 서운한 감정을 감추기가 쉽지 않다. 숙박비 지불을 독촉하는 종업원에게 방이 마음에 들지 않는다고 둘러대고 문 밖을 나섰다.

건너편 두어 군데 게스트하우스를 더 둘러보다가 선풍기가 달린 제법 큰 방을 저렴하게 구했다. 날씨는 더웠지만 에어컨을 필요로 할 만큼은 아니었다. 아니, 에어컨이 있는 방을 선택할 만큼 돈이 넉넉하지 않았다.

가방을 내려놓자마자 욕실로 들어가 찬물로 샤워를 했다. 온몸에서 구정물이 뚝뚝 떨어지고 바닥에 벗어놓은 옷에서도 시커먼 물이 쏟아졌다. 거울을 보니 새까만 동남아 여자가 서 있었다. 몰라보게 변한 내 모습이 낯설어 한참을 쳐다보았다. 까맣게 그을린 피부, 유난히 하얘 보이는 치아, 새까만 긴 머리, 쑥 들어간 볼 살. 상상해오던 우아한 서른의 몰골은 아니었지만 지금이 아니면 경험하지 못할 또 다른 내 모습이 싫지만은 않았다.

빨랫줄에 빨래를 대강 널어두고 침대에 누웠더니 점심부터 아무것도 먹지 못했던 게 생각이 났다. 시계를 보니 밤 아홉 시. 무작정 밖으로 나왔다. 가게에 들러 생수를 한 병 사고 문을 연 식당이 있나 둘러보았다. 공사중인지 도로가 죄다 파헤쳐 있는데다 공사 장비들도 어지럽게 늘어져 있어 걷는 것조차 쉽지 않았다. 한참을 걸으니 반갑게도 문을 연 가게가 몇 개 보였다. 우리나라의 떡갈비와 비슷한 고기구이를 각종 야채와 쌈에 말아 먹는 넴느엉 Nem Nuong을 파는 식당이었다. 식당 안은 사람들로 북적이고 있었다. 이제야 이곳이 사람 사는 동네처럼 느껴졌다. 자리를 잡고 앉은 후 넴느엉을 주문했다. 식탁 위에 앉아 음식을 기다리는 사이 식탁 끝에서 바퀴벌레 두 마리가 사이좋게 경주를 하기 시작했다. 깜짝 놀라 벌떡 일어서자 주인은 익숙한 손놀림으로 바퀴벌레를 확 낚아채더니 밖으로 던져버렸다.

시장이 반찬이었는지 모르겠지만 넴느엉은 꽤 맛있었다. 웅성거리는 식당에서 여러 사람들과 함께 식사를 해서 그런지 명절날 친척들이 모여서 밥을 먹는 듯 정겨운 느낌도 들었다. 라오스맥주 비어라오 Beer Lao도 한 병 시켜 마시고 기분 좋게 숙소로 돌아오는데 자전거를 타고 가는 사람 뒤에 소를 몰고 가는 사람도 보이고 그 뒤에는 다리가 길고 날씬한 돼지랑 껑충하게 키 큰 닭도 몇 마리 보였다. 분명 이곳은 라오스의 수도였다. 그러나 그것을 깨닫게 할 만한 것은 그다지 많지 않았다.

방비엔에서의 평화로운 시간들

비엔티안에서 방비엔 Vang Vieng 까지 운행되는 양철버스 안은 열기로 후끈 달아올라 있었다. 천장에 매달린 조그마한 선풍기가 끊임없이 돌아가며 열기를 식혀주고 있었지만 뜨거운 태양열을 피하기엔 역부족이었다. 그러나 버스가 출발하자 활짝 열어젖힌 창문 밖에서 들어오는 때 묻지 않은 향긋한 바람이 버스 안을 가득 채웠다.

창밖의 풍경은 소박한 우리네 시골과 닮아 있었다. 생김새마저 우리와 비슷한 마을사람들은 내가 흔드는 손 인사에 미소까지 더해 건네주었다. 옆자리에 앉은 사람들이 대나무 찰밥과 카스텔라 같은 간식을 조금씩 나누어 주었다. 나도 그들에게 내가 갖고 있는 간식을 건네며 함께 나누어 먹었다. 말이 통하지 않더라도 마음을 나누는 건 어렵지 않다. 그저 웃음 한번, 눈인사 한번이면 충분하다.

여섯 시간 만에 도착한 방비엔은 비엔티안이 그랬던 것처럼 한적하고 조용한 마을이었다. 쏭강 Nam Song 이 보이는 곳에 숙소를 잡고 경치를 바라보니 한 폭의 동양화가 따로 없다. 강에는 긴 꼬리 배를 타고 그물질을 하는 어부들이 보이고 튜브를 타고 노는 어린아이들의 해맑은 웃음소리도 들려왔다. 강 뒤로 명암을 달리하며 낮게 솟아 있는 산과 하늘의 구름, 흙냄새를 실어오는 바람이 온몸을 정화시키고 눈을 맑게 해주었다.

• 서른, 여행

다음날 아침 일찍 일어나 자전거를 빌려 방비엔의 유일한 볼거리인 동굴을 보기 위해 탐 짱Tham Chang과 탐 푸캄Tham Phu Kham으로 향했다. 때마침 비가 내리기 시작했다. 자전거를 타고 비포장도로를, 그것도 비를 맞으며 달리는 일은 쉽지 않았다. 가끔씩 경운기를 타고 지나가는 마을사람들이 손을 흔들며 힘을 보태주었다.

탐 짱은 인위적인 느낌이 나긴 하지만 정상에 서면 초록빛으로 가득한 아름다운 마을의 모습을 볼 수 있는 곳이다. 공원도 잘 조성되어 있어 관광객들과 소풍 나온 현지인들도 많았다. 탐 푸캄은 탐 짱에 비하면 자연 그대로의 모습을 많이 간직하고 있었다. 하지만 정작 동굴보다는 에메랄드빛을 띠고 있는 탐 푸캄 입구의 작은 호수가 너무 아름다워 많은 사람들이 동굴을 찾아 올라갈 생각은 하지 않고 그 호수 안에서 다이빙을 하며 수영을 즐겼다. 나 역시 오묘한 물빛에 반해 발을 담그고 휴식을 취하며 시간을 보냈다.

돌아오는 길에는 다행히 비가 그치고 구름이 걷히기 시작해 주변 풍경을 감상하며 느긋하게 걸어올 수 있었다. 나무 짐을 이고 가는 할아버지를 졸졸 따라가는 귀여운 오리 몇 마리, 저녁을 준비하는 분주한 할머니의 모습과 부엌에서 피어오르는 맛있는 연기가 비에 젖은 풍경과 잘 어울렸다. 대나무를 깎아 만든 딱총을 갖고 노는 동네 꼬마아이들과 어울려 놀기도 하고 흰 밥에 물을 말아 늦은 점심인지 이른 저녁을 먹고 있는 꼬마아이의 식사를 도와주기도 했다.

방비엔의 제일 커다란 볼거리는 두 개의 동굴이 아니라 그곳까지 가는 길을 채우고 있는 풍경과 그 길 위의 사람들이었다. 여행사에서 경운기를 대여해 편하게 동굴을 찾아가는 여행자들은 자전거를 이끌고 빗물이 고인 웅덩이를 피하느라 열심인 우리를 불쌍히 여기며 응원의 박수를 쳐주었지만 나는 이런 아름다운 풍경을 보지 못하고 지나쳤을 그들이 오히려 안타까웠다.

며칠 동안 비가 끊이지 않고 내렸다. 해가 반짝일 때까지 숙소에서 꼼짝하지 않고 해먹에 누워 여행자들이 남기고 간 책을 읽거나 레스토랑에서 틀어주는 영화들을 보며 시간을 보내다 비가 그친 날 방비엥의 명물이라는 튜브래프팅을 하기 위해 여행사로 부리나케 달려갔다. 마침 튜브래프팅을 하기 위해 대기하고 있던 사람이 많아 신청하자마자 바로 출발할 수 있었다. 인원수에 맞춰 커다란 튜브를 실은 트럭이 쏭강 상류까지 데려다 주었는데 그곳에서 튜브를 타고 하류까지 떠내려 오기만 하면 되는 쉬운 코스였다. 트럭을 타고 올라갈 땐 생각보다 거리가 짧고 물살이 세서 금방 하류까지 내려올 것만 같았다. 그래서 중간마다 마련되어 있는 휴게소에 들러 그네도 타고 샌드위치도 사먹고 수영도 하면서 늑장을 부리며 놀았는데 날이 저물기 시작하니 마음이 급해졌다.

하류로 내려올수록 물살이 천천히 흘러 도무지 속도가 나질 않았다. 신발을 벗어 노를 삼아 저어봤지만 제자리에서 맴돌 뿐 앞으로 나아가질 않는다. 밤이 깊어질수록 물은 점점 차가워지기 시작하고 불빛 하나 없는 강 한가운데 혼자 떠 있으니 두려움이 커져갔다. 앞서가는 일행들의 비명소리가 들리거나 가끔씩 나타나는 수초 더미가 손이나 발에 휘감길 때마다 깜짝 놀라 가슴을 쓸어내렸다. 튜브가 물살에 끌려 엉뚱한 곳으로 흘러갈 때는 가슴이 철렁 내려앉아 나도 모르게 소리를 질렀는데 깊이를 알 수 없는 시커먼 물빛은 튜브에서 내려 뛰어갈 수도 헤엄쳐 갈 수도 없을 만큼 무서웠다.

하지만 이 어두운 밤에도 동네 꼬맹이들은 절벽에서 다이빙을 하며 배꼽이 빠져라 웃고 주민들은 강으로 나와 어둠에 익숙한 듯 물고기를 잡거나 목욕을 했다. 그들의 모습이 보이기 시작하니 마음이 조금 놓였다. 동시에 밝은 달이 눈에 들어왔다. 강물에 반사되어 빛나는 환한 달빛, 그리고 강변을 날아다니는 반짝이는 반딧불이.

방금 전까지는 하나도 보이지 않았던 것들이었다. 신기하게도 마음을 편안히 한 후부터는 그런 것들이 하나씩 눈에 들어오기 시작했다. 별이 뜨기 시작하자 달빛이 조금 어두워졌지만 하나둘씩 떨어지던 별똥별 보는 재미에 다시 무서워지거나 조급해지지 않았다. 별똥별이 하늘에서 떨어질 때마다 강 위로도 떨어졌다. 그때 빌었던 소원은 아마도 이루어지지 않을까? 두 번씩이나 떨어지며 내 눈을 빛나게 했으니.

떠나기 싫어 예정보다 오랜 시간을 머무르다 운 좋게도 로켓축제(대나무로 로켓을 만들어 산을 넘기면 우승하는 경기)를 관람하고 축제에 참가한 사람들과 신나게 어울려 놀다가 아쉬움을 뒤로 하며 떠나던 날, 하늘도 내 마음을 알았던지 아쉬움의 눈물을 흘려주었다. 게스트하우스 주인아주머니는 하늘을 바라보며 "우기가 시작되었다."고 했다.

꼭꼭 숨어라, 므앙응오이느아

가이드북에 '배낭여행자가 아니면 찾아갈 엄두가 나지 않는 오지 중의 오지'라고 적혀 있는 곳 '므앙응오이느아 Muang Ngoi Neua'. 루앙프라방 Luang Prabang에서 며칠 쉬다가 오지라는 말에 이끌려 무작정 므앙응오이느아로 향했다. 그러나 오지 중의 오지답게 므앙응오이느아를 찾아가는 길은 쉽지 않았다. 트럭을 개조한 버스를 타고 여섯 시간 정도 먼지가 풀풀 날리는 시골길을 달려 므앙응오이 Muang Ngoi에 간 뒤 선착장에서 두 시간을 기다린 다음, 작은 보트를 타고 이십 분을 간 후 수심이 얕아 배로 갈 수 없는 구간은 내려서 십오 분쯤 걷고 다시 보트를 타고 삼십 분쯤 달려야 겨우 도착할 수 있었다.

나는 강이 훤히 내려다보이는 방갈로에 짐을 풀었다. 숙박료는 1박에 1달러. 싸게 잘 구했다며 좋아했는데 알고 보니 거의 모든 숙소들의 숙박료는 2달러를 넘지 않았다. 물은 산에서 내려오는 것을 받아서 쓰고 화장실이나 샤워시설도 제대로 갖춰져 있지 않았지만 어느덧 그런 것들이 불편하게 느껴지지 않을 정도로 여행에 익숙해져 있었다. 게다가 전기는 저녁 일곱 시부터 아홉 시까지 두 시간이나 들어왔다. '동남아 오지 중의 오지' 치고는 꽤 사치스러운 시간이었다.

방갈로 안에는 작은 침대와 모기장 말고는 아무것도 없었다. 더 이상 무엇을 놓을 만한 공간도 남아 있지 않았다. 잠을 잘 때는 '찍찍' 거리는 쥐 소리에 잠을 설치고, 가끔씩 위에서 떨어지는 정체 모를 물(?)을 맞아야 했지만 그럭저럭 지낼 만했다.

도착한 첫날 동네를 한 바퀴 산책한 것을 제외하곤 이곳에 머무는 일주일 내내 숙소 해먹에 누워 강 건너 산을 바라보면서 하릴없이 시간을 보냈다. 사실 일주일씩이나 이 오지에서 머물 계획은 아니었다. 물이 안 좋았는지 이곳에 오기 전에 미리 먹어둔 말라리아약이 맞지 않았는지 설사병에 걸려 꼼짝할 수가 없었다. 하필 화장실도 열악한 이런 곳에서 몹쓸 고생을 하게 됐다고 투덜거렸지만 며칠 지내다보니 딱히 해야 할 것도, 할 만한 것도 별로 없는 이곳에서 병이 도진 게 외려 다행이다 싶었다. 하긴 사막이라고 한들 별 다를 방법이 없었을 것이다. 빨리 현실에 적응하고 긍정적으로 생각하는 것. 여행자가 가져야 하는 가장 기본적인 마인드는 바로 이것이다.

온종일 해먹에 흔들거리며 누워 있다가 조촐하게 끼니를 때우고 강물에 발 한번 담갔다가 경치가 한눈에 보이는 평상에 앉아 쉬엄쉬엄 책을 읽으면 어느새 어둠이 찾아왔다. 자신을 파일럿이라고 소개한 미국인 친구의 모험담을 들어주고 반딧불이를 잡아 책을 읽겠다는 영국인 친구를 도와 반딧불이를 잡고, 예비신부를 위해 신혼여행 답사 왔다는 로맨틱한 한국인 청년을 만나 라오스에 대해 이야기하고, 아직도 그 맛을 잊을 수 없는 주인아주머니의 호박카레를 먹으며 하루하루를 지내다보니 어느새 컨디션이 정상으로 돌아왔다.

드디어 이곳을 떠나야 할 날이 온 것이다. 그러나 막상 떠나려고 하면 늘 그렇듯 새삼 모든 것이 아쉬워진다. 정든 동네꼬마들이 보고 싶어질 것 같고, 나를 졸졸 따라다니던 누렁이가 눈에 밟히고, 눈만 돌리면 어느 곳에서든 아름다운 풍경을 보여주던 마을이 그립고 하다못해 온종일 내가 누워서 뒹굴 거리던 저 낡은 해먹마저도 생각날 것 같았다. 떠나기 전날, 날 유난히 따르던 꼬마숙녀의 머리를 예쁘게 땋아주었다. 강가에서 누렁이를 씻기고 있는 꼬마친구를 도와 누렁이 목욕도 도와주었다. 주인아주머니와는 방 값과 식사비를 계산하며 남아 있던 선식 몇 봉지를 건네니 나를 꼭 안아주며 등을 토닥여 주었다. 또 주책없게 눈물이 한두 방울 떨어진다. 어쩌면 나는 죽을 때까지도 헤어지는 일에 익숙해지지 않을는지도 모르겠다. 아니 익숙해지지 않았으면 좋겠다.

므앙응오이느아를 떠나는 날 아침, 짐을 꾸리다가 방갈로 한쪽 구석에 걸려 있는 낡은 김희선 브로마이드를 발견했다. 저녁에 잠깐 눈을 붙이기 위해서만 들어가고 낮에는 방에 들어가 있을 일이 없어 일주일이 지난 다음에야 발견한 것이다. 이 오지까지 한류의 바람이 불었나 싶어 주인아주머니께 저 여인을 아냐고 물어보니 그저 뚫린 구멍을 막으려고 붙여 놓으셨다며 외려 내게 누구냐고 물으신다.

아마도 시간이 조금 흐르면 이 조용한 마을도 많은 여행자들로 붐빌 것이다. 그때가 되면 24시간 언제든 필요할 때 스위치만 올리면 전기를 쓸 수 있을 것이고 수도꼭지만 틀면 시원한 물줄기가 쏟아질 것이다. 방갈로 대신 콘크리트 건물이 빼곡하게 들어서고 스피드보트나 제트스키의 굉음이 강을 가로지를지도 모른다. 그런 날이 오게 되면 주인아주머니도 브로마이드의 주인공이 누군지 김희선이 누군지 알 수 있을지도 모르겠다.

그러나 조금은 더디게 천천히 변했으면 좋겠다. 꼭꼭 숨어 있다가 아주 최대한 자연을 거스르지 않고 변했으면 좋겠다. 이것은 주민들의 불편함을 애써 모른 척하고 싶은 이기적인 한 여행자의 바람일지도 모른다. 그렇다 하더라도 이렇게 소박하고 아름다운 곳은 그랬으면 좋겠다. 내 꼬마친구들이 호객행위를 하기 위해 뛰어다니지 않고, 마을사람들이 순수한 미소를 잃지 않고 -김희선에게는 미안한 말이지만- 주인아주머니가 그녀를 알 수 있는 날이 오지 않기를 바란다.

므앙응오이느아야, 꼭꼭 숨어라. 머리카락 보일라.

콜라의 가치

므앙응오이에서 다시 루앙남타로 돌아가기 위해 선착장에서 트럭버스를 기다리고 있었다. 간신히 햇빛을 가릴 수 있도록 작은 그늘막이 쳐 있는 선착장 대기실에는 므앙응오이느아에서부터 같은 보트를 타고 나온 갈색 곱슬머리의 여행자와 아이에게 젖을 물린 채 연신 파리를 쫓고 있는 아주머니, 커다란 원추형 모자를 쓰고 낮잠에 빠져 있는 할아버지가 쓰러질 듯 위태로운 나무의자에 기대 앉아 있었다.

덥고 습한 날씨는 시계의 초침마저 느리게 만드는 힘이 있는 듯 기다리는 시간이 한없이 길고 지루하게만 느껴졌다. 가끔씩 불어오는 뜨거운 바람에 흙먼지가 풀풀 날리는 도로를 바라보며 아지랑이를 세다가 배낭에서 작은 시집을 꺼내 읽기 시작했다.

"오우, 한글!"

옆 자리에 앉아 있던 갈색 곱슬머리 여행자가 말을 걸어왔다. 고개를 끄덕이자 내 책을 뺏어 들고는 자신이 알고 있는 한글들만 골라 읽으며 더듬더듬 시를 읽어 내려갔다. 잘한다며 치켜 세워주자 펜을 꺼내어 자신의 이름을 한글로 적고 그 밑에 삼겹살이라는 단어도 적었다.

미국에서 온 '피터'는 수원의 한 고등학교에서 영어선생님으로 일 년 정도 일한 적이 있다고 했다. -우리나라의 영어 열풍이 정말 대단한 건지, 영어를 가르쳤던 외국인들이 한국에 온 김에 동남아여행을 하고 가는 것이 코스가 되어 버린 건지 여행중에 우리나라에서 영어를 가르쳤다는 외국인들을 적지 않게 만났다.-

피터는 한국에서의 생활을 회상하며 좋아하는 한국 음식들을 나열하기 시작했다. "삼겹살이 제일 좋아. 세계 최고의 음식이지." 그는 눈을 감고 삼겹살을 떠 올리는 듯싶더니 비교적 정확한 발음으로 "상추, 깻잎, 쌈장, 마늘, 그리고 삼겹살" 이라고 말을 끝맺고 쌈을 싸서 입안에 넣는 시늉을 했다. 그리고 뒤이어 "소주, 캬~."

한국인이지만 제대로 된 한국음식 먹어본지가 육 개월이 넘어가고 있었다. 피터의 생생한 증언(?)과 몸짓에 가뜩이나 딸린 기력이 바닥을 향해 마저 쏟아져 내리고 있었다.

"레인, 그거 알아? 불고기. 이것은 세계에서 두 번째로 맛있는 음식이야. 오우, 맵지만 떡볶이도 먹을 줄 알아. 순대는 떡볶이 국물에 찍어 먹어야 제 맛이지. 한국엔 정말 맛있는 게 너무 많아. 최고야, 최고!"

침이 흐를 뻔했다. 눈앞에서 떡볶이와 순대가 아른거리더니 급기야 배에서 꼬르륵 소리가 났다. 피터는 영어를 가르치러 한국에 온 게 아니라 먹기 위해 온 사람 같았다. 맞장구치며 고개를 끄덕이는 내 반응에 신이 나서 또 다른 음식을 얘기하려는 찰나 나는 그에게 그만 얘기하라고 부탁했다. 라오스의 시골 한복판에서 하릴없이 꼼짝하지 않고 앉아 땀을 뻘뻘 흘리며 한국음식 얘기를 듣는 것은 정말이지 고역이었다.

나는 쓰린 배를 부여잡고 근처 작은 가게로 들어갔다. 가동이 되고 있긴 한 건지 의심스러운 냉장고에 콜라 몇 개가 가지런히 놓여 있었다. 허름한 냉장고 문을 열어 콜라 캔을 만져봤다. 제법 차가운 녀석의 냉기에 마음이 동해 별로 좋아하지도 않는 콜라를 하나 골라 들고 계산을 하려는데 내 귀를 의심할 만한 가격이 들려왔다. 시내에서 사는 것보다 족히 세 배는 넘는 금액이었다. 나는 재빨리 콜라를 냉장고에 다시 집어넣었다. 뒤따라온 피터가 내게 콜라가 얼마냐고 물었다. 나는 피터의 옆구리를 쿡쿡 찌르며 귓속말을 했다.

"여기 너무 비싸. 시내보다 거의 세 배를 불러. 사지마!"

그러나 내가 다른 것들의 가격을 물어보는 사이 피터는 콜라를 한 캔 샀다. 나는 농약병처럼 생긴 하얀 플라스틱 통에 담긴 생수를 한 병 사서 선착장 의자로 돌아갔다. '치익' 소리를 내며 캔 뚜껑을 딴 피터는 단 몇 모금 만에 콜라 한 캔을 깨끗이 비웠다.

"아, 시원하다. 너도 사지 그랬어?"

"너무 비싸잖아. 시내에 가면 같은 값으로 세 개는 더 사먹을 수 있다고."

"더 비쌌으면 나도 안 사먹었을 거야. 그런데 이 정도면 괜찮지 않아? 내가 먹고 싶을 때 지불하는 돈은 충분히 그 가치를 한다고 생각해. 시내에 가서 세 개를 사 먹는다고 지금과 같은 기분을 느낄 수 있을까?"

피터는 이런저런 얘기 끝에 생각보다 돈을 많이 써서 예상보다 빨리 미국으로 돌아가게 됐다고 했다. 나는 속으로 비아냥거렸다. '그렇게 얼마가 됐든 먹고 싶은 거 다 사 먹고 그러니까 돈이 빨리 떨어지지.' 그러나 트럭 버스가 도착하고 양쪽으로 길게 뻗은 나무 의자 구석에 자리를 잡고 먼지가 폴폴 날리는 시골길을 달리기 시작했을 때도 그 비싼 '콜라' 생각이 머리에서 떠나지 않았다. 먹고 싶어서 그런 게 아니었다. 가격에 구애받지 않고 떡하니 사먹는 피터가 부러워서도, 얄미워서도 아니었다.

나는 지금까지 어처구니없는 가격을 부르는 상인들에게 신경질을 내며 돌아서거나 한숨을 쉬며 물건을 내려놓기만 했을 뿐, 그들이 부르는 가격과 가치 같은 걸 한 번도 생각해 본 적이 없었다. 흥정을 할 때도 무조건 싸게, 많이 깎는 것이 최선인 줄 알았고 돈과 관련된 것에는 유난히 신경을 곤두세웠다. 나는 장기여행자이기 때문에 그럴 수밖에 없다고 스스로 합리화했던 것도 사실이다. 남은 돈에 따라 여행할 수 있는 기간이 정해지기 때문에 조금이라도 더 오래 여행하기 위해선 무조건 아낄 수밖에 없다고 생각했다. 그러나 피터를 만나고 나니 무엇 때문에 그렇게 아껴서 오랫동안 여행을 해야 하는지 헷갈리지 시작했다. 먹고 싶은 거, 하고 싶은 거, 사고 싶은 거 참아가며 고행과도 같은 여행을 지속해야 하는 이유 말이다.

어느새 루앙남타에 도착했다. 피터는 다시 태국으로 넘어가서 미국으로 돌아갈 준비를 한다고 했다. 나는 피터에게 작별인사를 건네며 한국에 오면 꼭 연락하라고, 세상에서 제일 맛있는 삼겹살을 사 주겠노라고 약속했다. 피터는 기분 좋은 듯 엄지손가락을 치켜들며 어깨를 들썩였다.

"레인, 여행을 즐겨!"

마지막 인사말을 남기고 피터는 다른 터미널로 서둘러 걸어갔다. 떠나는 피터에게 있는 힘껏 손을 흔들어주고 나자 마음이 한결 가벼워졌다. 피터는 혼란스러운 내게 정답을 알려주었다. 사기 당하지 않으려고 돈 좀 아껴 보려고 발버둥 치며 다시는 경험하지 못할 소중한 시간들을 헛되이 보내는 대신 여행자로서의 마인드를 잊지 말고 순간순간 여행을 즐기라는.

지금도 가끔 그가 얘기했던 가치를 생각해본다. 지금이 아니면, 그때가 아니면 느끼지 못할 수많은 것들. 나는 이제 안다. 그가 마셨을 그 비싼 콜라는 세상 어디에서 먹는 콜라보다 맛있었을 거란 걸.

그들이 준 네 시간의 행복

루앙남타에서 태국으로 바로 넘어갈까 하다가 므앙싱 Muang Sing에 들러 라오스의 소박한 시골풍경을 며칠 더 즐기고 다시 루앙남타로 돌아오는 길. 베트남에서 샀던 논과 태국에서 샀던 기념품 몇 가지가 든 봉투를 버스에 두고 내렸다.

시간이 얼마 지나지 않아서 재빨리 터미널로 뛰어갔지만 버스는 이미 출발하고 없었다. 매표를 하는 아저씨께 자초지종을 설명했더니 버스로 연락할 방법은 없고 차가 한 바퀴 돌고 이곳으로 다시 돌아오려면 네 시간쯤 걸리니 그때까지 기다려 보라고 했다. 므앙싱에서 오자마자 태국으로 넘어갈 생각이었는데 네 시간 후면 국경이 닫혀 루앙남타에서 하루를 더 머물러야 했다. 게다가 네 시간 후에 그것을 찾게 되리란 보장도 없었다.

울상을 하고 터미널 의자에 앉아 이리저리 머리를 굴리고 있으니 어느새 내 사정을 알아챈 마을사람들이 몰려 찾을 수 있을 테니 기다려 보라고 위로를 건네거나 어떤 물건들이 들어 있는지 궁금하다며 이것저것 물어왔다. 사실 논이야 태국에서도 얼마든지 구할 수 있는 물건이었고, 태국에서 구입한 기념품 몇 가지는 금액으로 따져도 얼마 되지 않는 자잘한 것들이었다. 그러나 이제 와서 괜찮다고 포기하고 일어서기엔 너무 많은 사람들이 나와 함께 그 버스를 기다려주고 있었다.

터미널에서 옥수수를 파는 꼬마아이도 어디서 주워들었는지 내 곁에 앉아 옥수수수염을 골라내며 자신도 그런 적이 있었는데 물건을 찾게 되었다는 얘기를 들려주며, 혹시 찾지 못하게 되더라도 자기가 다음에 므앙싱을 가게 되어 내 짐을 발견하면 꼭 찾아 주겠노라고 믿음직한 약속까지 해주었다. 별일 아닌 일에 자신의 일처럼 시간을 내어 걱정해주고 있는 마을사람들이 고마웠다. 그들의 따뜻한 마음이 그대로 느껴져 짐을 못 찾게 되더라도 아쉬움은 없을 것 같았다.

네 시간은 길었다. 함께 기다려주던 사람들도 하나둘 자리를 비웠다. 소년에게 산 작은 옥수수 몇 개로 허기를 달래며 시계만 바라보다가 터미널 가까운 곳에 숙소를 구하고 루앙남타에서 하루 더 묵을 차비를 했다. 내가 잠시 자리를 비운 사이에도 몇몇 사람들은 터미널을 떠나지 않고 돌아올 버스와 내 짐을 기다려 주었다.

세 시간이 조금 지났을 무렵 멀리서 익숙한 버스 한 대가 보였다. 짐을 찾을 수 있을지 없을지 이미 중요한 문제가 아니게 되어 버린 나와는 달리 마을주민들은 드디어 버스가 왔다고 즐거워하며 버스를 향해 달려갔다. 내가 아닌 그들을 위해서라도 짐을 찾기 바라며 버스가 멈추길 기다렸다. 옥수수소년은 버스가 멈추기도 전에 잽싸게 버스 위로 올라타고는 내게 웃으며 손을 흔들었다.

짐은 내가 올려둔 그 자리에 그대로 놓여있었다. 봉지를 들고 버스에서 내리자 사람들이 내게 다시 몰려들었다. 매표원아저씨는 찾을 수 있다고 했지 않느냐는 듯한 웃음을 지으며 내 어깨를 툭툭 두들겨 주고 사람들은 마치 자신의 짐을 찾은 듯 박수를 치며 즐거워했다. "컵 짜이 라이라이(감사합니다)." 나는 모든 사람에게 인사를 했다. 그리고 봉지를 풀어 작은 촛대와 엽서, 나무 조각 인형들을 사람들에게 골고루 나눠주었다. 괜찮다며 한사코 거절하는 사람들의 손에 억지로 쥐어 주고 터미널을 빠져 나오니 커다란 봉지엔 논만 하나 덩그러니 남아 있었다. 그들에게 내어준 몇 개의 선물 대신 더 큰 감동을 채워 나오니 가슴이 뜨거워졌다.

　기다리길 잘했다. 이렇게 뜨거운 행복으로 온몸이 데워질 거란 것을 알았다면 네 시간이 아니라 4일이라도 기다렸을 테다. 사람이 주는 감동은 쉬이 잊히지가 않는다. 4년이 훨씬 지난 지금까지도 그때를 떠올리면 가슴이 뜨거워지는 걸 보면.

Philippines

제2의 고향, 보라카이

보라카이Boracay는 몇 해 전 가이드북 작업을 하느라 처음 방문한 곳이다. 자료 조사를 하느라 머문 2개월 동안 아름다운 화이트비치white beach와 투명한 바다 빛깔, 매일 다른 모습을 보여주는 황홀한 석양에 푹 빠져 시간이 어떻게 흘러가는지도 모르고 지냈었다.

그리고 그곳에 사는 정 많은 사람들. 워낙 작은 섬이라 현지인들과 매일 마주치게 되었는데 어찌나 정이 듬뿍 들었는지 한국으로 돌아오는 날 해변에서 친구들을 끌어안고 얼마나 울었는지 모른다. 그리고 그때 인연을 맺게 된 현철 오빠와 진희언니. 신혼여행으로 이곳에 왔다가 보라카이의 매력에 흠뻑 빠져 지금까지 살고 있는 그들은 지금은 '보라카이' 하면 제일 먼저 떠오르는 소중한 사람들이다.

보라카이를 여행의 말미에, 게다가 한 달이라는 긴 시간을 계획했던 것은 그곳에 언니, 오빠가 있기 때문이었다. 그들과 함께 소중한 추억을 만들고 여행을 마무리하며 한국에 돌아갈 준비를 하고자 했던 것이다.

우기였던 보라카이는 내가 머무는 한 달 내내 비가 내렸다. 잠깐 비가 그치거나 햇빛이 비칠 때도 간간이 있었지만 정확히 5일을 빼고는 하루도 빠짐없이 폭우가 쏟아졌다. 태국과 라오스, 캄보디아를 여행할 때도 우기였지만 이 정도는 아니었는데, 마치 하늘에 구멍이 뚫린 듯 쏟아져 내리는 빗줄기는 이전에 왔던 보라카이가 아닌 다른 섬인 듯 낯설었다. 비를 좋아하는 나는 매일 같이 내리는 비에 신나 물이 빠지지 않아 무릎까지 차오른 거리를 활보하고 우비를 입고 바닷가 산책을 즐기고 시장에서 싱싱한 조개와 새우 등 해물과 야채를 사서 해물파전을 부쳐 사람들과 나눠 먹으며 하루하루를 즐겼다.

그렇게 며칠을 정신없이 지내다보니 병이 찾아왔다. 그간 여행을 하며 잦은 설사나 복통, 두통으로 고생을 하긴 했지만 이렇게 원인 모르게 아파본 적이 없어 당황스러울 정도였다. 온몸에 불이 붙은 듯 열이 올랐다가 얼음물을 끼얹은 듯 차가워지기를 반복했다. 땀이 줄줄 흐르다가 갑자기 추워져 이불을 머리끝까지 덮고 있어도 덜덜 떨리는 몸이 진정되질 않았다. 발끝부터 머리끝까지 몸 전체가 저리고 가끔씩 손 끝자락엔 마비가 돼 감각이 없고 경련이 일기도 했다. 비상약을 먹어봤지만 소용이 없었다.

이제 한국을 떠난 지도 7개월. 긴 타국살이에 병이 날 만도 했다. 늘 긴장하며 하루하루 지도와 가이드북을 끼고 살다가 고향 같은 이곳에서 아무런 걱정 없이 편하게 생활하다 보니 긴장이 풀려 병이 찾아온 듯싶었다.

그렇게 일주일을 꼬박 침대에 누워만 있었다. 언니가 사다 준 약이 효과가 있었는지 앓을 만큼 앓은 건지 열이 조금씩 내리고 혼미했던 정신이 점차 맑아졌다. 서 있을 수도 앉아 있을 수도 누워 있거나 엎드려 있을 수도 없이 온몸이 갈기갈기 찢겨지는 것 같았던 통증도 가라앉았다. 땀으로 범벅이 된 몸을 씻기 위해 욕실로 들어가 거울을 봤다. 그간 제대로 먹지 못해서 앙상하게 뼈만 남고 얼룩덜룩 까맣게 변한 내 얼굴을 보니 또 눈물이 났다.

씩씩한 서른을 맞이하겠다며 떠난 스물아홉의 당찬 아이의 모습은 사라지고 여행에 찌들어 초췌하게 변한 불쌍한 모습만 보였다. 몸져누웠던 일주일의 통증이 지난 7개월간의 소중한 여행을 갉아먹어 버린 것 같았다.

샤워를 하고 죽을 끓여 먹고 바깥으로 나갔다. 오랜만에 비가 그쳐 햇볕이 내리쬐고 있었다. 자주 가던 리얼 커피에 앉아 차를 한잔 시켜놓고 햇살을 즐겼다. 기운이 빠지거나 어지럼증이 오면 탁자에 엎드려 컨디션을 회복할 때까지 휴식을 취했다. 언제까지 방구석에 틀어박혀 끙끙 앓을 순 없었다. 기운 내서 스스로 내 몸을 챙기지 않으면 무슨 일이 생길지 모르는 상황이었다. '강해져야 한다.'고 끊임없이 주문을 걸었다. 지나가는 친구들이 눈에 띄게 야윈 내 모습에 걱정을 하며 따뜻한 말을 전하거나 내 어깨를 쓰다듬으며 위로를 해줄 때마다 눈에 눈물이 가득 차올랐지만 꾹 참아냈다. 기대어 울고 싶고 위로받고 싶었지만 그런다고 아픈 게 나아지는 것은 아니었다. 애써 밝게 웃으며 괜찮다고, 이제 다 나았다고 얘기하는 것이 나를 위해 더 나은 일이었다.

증상이 찾아오고 거의 열흘이 지나서야 정상 컨디션을 회복했다. 나는 다시 느지막이 일어나 가볍게 아침을 해결하고 점심때 즈음 오빠가 일하는 다이빙 샵에 앉아 언니와 수다를 떨고 함께 장을 봐서 저녁을 해 먹고 영화를 본다거나 산미겔 San Miguel(필리핀 맥주)을 마시며 이런저런 이야기를 하며 밤을 지새웠던 일상으로 돌아왔다.

한 달이면 꽤 긴 시간이었는데 몸이 아파 열흘을 소비하고 나니 어느새 한 달이 다 채워지고 있었다. 정든 이곳, 언니, 오빠 그리고 친구들과 또 헤어질 준비를 해야 했다. 어째서 이별은 해도 해도 익숙해지지 않는 걸까. 떠날 날짜가 가까워질수록 마음이 무거워졌다. 이제는 한국으로 돌아가야 하는데 가서 뭘 어떻게 어디서부터 다시 시작해야 할지 엄두가 나질 않았다. 떠나왔던 마음의 절반도 채워지지 않은 느낌이었다. 설레고 기대했던 서른이라는 숫자가 어느새 부담으로 자리 잡아 나를 더 괴롭히고 있었다.

떠나는 날, 나는 몇 해 전처럼 화이트비치에서 친구들과 작별인사를 했다. 꼭 끌어안고 뽀뽀를 해주던 꼬마 친구들에게 남아있던 열쇠고리와 책갈피를 모두 선물로 주고 꼭 다시 놀러오라는 다이빙 샵 친구들과 함께 기념사진을 찍으며 아쉬움을 달랬다. 작별 인사를 하러 찾아간 언니는 이미 눈이 벌겋게 변해 있었다. 꾹 참고 있던 눈물이 터져 나와 그냥 말없이 언니를 끌어안았다. 언니는 나를 의자에 앉히고 머리를 땋아주었다. 나를 볼 때마다 '언니 머리 땋아요.' 호객행위를 하던 필리핀 꼬마아이한테 머리를 맡길 생각이었는데 비가 와서 그런지 며칠 새 보이질 않는다고 흘러가며 했던 얘기를 기억해두고 있었나보다.

바람이 세서 화이트비치에 배가 뜨질 않아 언니와 트라이시클 Tricycle(오토바이를 개조해서 만든 삼륜자동차)을 타고 뒤에 있는 바다로 이동했다. 그곳에서 다이빙 강습중인 오빠와 작별인사를 하며 다시 눈물을 떨어뜨리고 언니와 마지막 인사를 나누며 또 한 번 울었다. 이산가족 상봉했냐며 놀리는 오빠의 농담에도 눈물이 그칠 줄 몰랐다. 배에 올라타고 언니, 오빠의 모습이 작아져 보이지 않을 때까지 울고 또 울었다. 같이 배에 탄 사람들은 무슨 사연이 있어 저리 울고 있나 궁금한 눈빛으로 나를 쳐다봤다.

까띠끌란 Caticlan 선착장에 도착해 경비행기를 타고 마닐라에 도착할 때까지 눈물이 마르지 않았다. 비행기 안에서 보라카이를 내려다보며 그 안 어딘가에서 눈물을 훔치고 있을 언니가 떠오르고 친구들이 떠오르고 빗방울에 젖어가던 화이트 비치가 떠올랐다.

Part.3
다른,
　　시작

서른이 되어
다시 한국으로

한국이 가까워졌음을 알리는 기장의 목소리에 잠이 깼다. 8개월간 변한 것은 오로지 시커멓게 탄 피부와 깡마른 몸밖에 없는 것 같았다. 평범한 서른을 맞이하지 않겠다고 큰 소리 치며 떠나온 여행에서 과연 나는 무엇을 찾았을까. 비린내 나는 기내식을 무의식적으로 씹으며 해답을 찾기 위해 고심했지만 뚜렷이 떠오르는 게 없었다.

출국장을 빠져 나오며 마일리지 적립을 위해 항공사 카운터로 가서 줄을 섰다. 그때 안내원이 나를 향해 다가오며 말을 걸었다. "메이 아이 헬프 유 May I help you?" 영어로 묻는 바람에 놀라 나도 엉겁결에 "아임, 코리언 I'm Korean"이라고 답했다. 그러자 "아 유 퓨어 코리안 Are you pure Korean?"이라고 되묻는 안내원. 그녀 때문에 나는 비로소 긴 여행을 끝내고 현실로 돌아왔다.

공항 유리창에 비친 내 모습은 딱 거지꼴이었다. 까만 피부와 국적을 알 수 없는 옷차림, 희한하게 많은 머리가 그녀로 하여금 영어를 튀어나오게 한 것이다. 안내원은 곧장 사과를 했고 카운터 뒤로 줄을 선 사람들은 다 들리는 귓속

* 다름, 시작

말로 나를 향해 이런저런 이야기를 쏟아냈다.

  집으로 전화해 무사히 도착했다는 말을 전하기가 무섭게 엄마가 전화를 끊었다. 아마도 김치찌개와 닭볶음탕을 준비하시느라 바쁜 것이리라. 내가 여행에서 돌아오는 날은 항상 메뉴가 똑같다. 칼칼한 김치찌개와 커다란 감자와 고구마가 잔뜩 들어간 매콤한 닭볶음탕. 내가 제일 좋아하는 메뉴다. 리무진 버스를 타고 집으로 향하는 동안 이제 정말 여행이 끝이라는 실감이 났다. 8개월 동안 내 등에 딱 달라붙어 있었던 작은 배낭, 그 밑에 대롱대롱 매달린 침낭, 너덜너덜해진 슬리퍼와 등산화를 쳐다보니 무언가 알 수 없는 느낌에 마음이 뭉클해졌다. 이게 어떤 느낌인지 알게 되려면 시간이 필요하겠지. 나는 급하게 여행을 정리하지 않기로 했다. 아니, 정리할 수가 없었다. 한꺼번에 수많은 감정이 떠올랐다가 또 순식간에 사라져버렸다.

  집에 도착해 내 방에 들어섰을 때 깔끔하게 정리된 침대와 깨끗한 이불을 보니 눈물이 날 것 같았다. 매일 같이 잠자리를 구하느라 힘들게 걸었던 시간들과 더러운 시트에 우비를 깔고 자던 기억, 벼룩이 옮아 고생했던 기억들이 스처지나갔다. 이제 더 이상 고생스럽게 잠자리를 구하지 않아도 된다는 사실만으로도 가슴이 두근거렸다.

　갈아입을 옷을 들고 욕실로 들어갔다. 이번엔 단정하게 접힌 깨끗한 수건들과 커다란 통으로 가득 채워 있는 샴푸와 린스를 보고 또 가슴이 먹먹해져 버렸다. 매일 빨아 써야 하고 가끔 물이 안 나와 그냥 냄새나는 채로 말려서 써야 했던 한 개의 수건, 불량식품처럼 줄줄이 매달려 있어 하나씩 잘라 썼던 일회용 샴푸, 돈 아끼느라 8개월 동안 한 번도 써본 적 없는 린스. 이 모든 것이 너무 감격스러우면서 한편으로는 사치인 듯 느껴져 불편한 마음마저 들었다.

　물론 편리하기는 했다. 전기는 항상 연결되어 있었고 언제든지 수도꼭지를 틀면 시원한 물이 쏟아져 내렸다. 수건은 넉넉했고 샴푸와 린스도 항상 가득 차 있었다. 그런 일차원적인 문제를 신경 쓰지 않아도 된다는 사실이 마냥 고맙기는 했다. 그러나 그런 것들이 당장 없어진다고 해도 문제될 것은 없었다. 나는 엄마에게 그리고 가족들, 친구들에게 잔소리를 늘어놓기 시작했다. "엄마, 우린 너무 많은 것을 가졌어. 우리가 살면서 필요한 건 이렇게 많지가 않다고!" "동생아, 양치할 땐 물을 잠가라. 지구 반대편에선 물이 부족해 죽어가는 어린이들도 있다." "친구야, 또 뭘 산 거야? 너 죽을 때 그거 다 짊어지고 갈래?"

　그러나 한 달이 채 지나기도 전에 나는 아무렇지 않은 듯 물을 틀어놓고 양치를 하고 린스를 듬뿍 짜서 머리를 헹궜다. 다 먹지도 않은 찌개를 지겹다며 다른 것을 끓여 달라 잔소리를 하고 옷을 사야 된다고, 상한 머리칼을 다듬어야 된다고 엄마에게 손을 내밀고 있었다. 편리한 생활은 그렇지 않은 생활보다 적응하기가 더 쉽고 빨랐다.

38리터와 48리터의 차이

　여행을 계획하면서 나는 모든 게 헷갈리고 조심스러웠고 걱정스러웠으며 끝에는 분명한 것을 원했다. 가령 한 곳에 오래 머물 것인가, 계속 돌아다닐 것인가에 대해 결정할 수 없었고, 38리터와 45리터 배낭 중 어떤 것이 나에게 필요한 것인지 선택할 수 없었고, 운동화를 신어야 하는지 등산화를 신어야 하는지 헷갈렸지만 결국엔 떠돌아 다녀야 하고 38리터 배낭을 메야 하고 등산화를 신고 가야 한다는 사실에 확신이 들기를 바랐다.

　오랜 여행이 될 것이었다. 내 결정이 잘못된 것이었다 하더라도 나는 다시 한국으로 돌아가거나 가방을 새로 꾸릴 수 없었다. 많은 여행 선배들이 가방의 크기는 전혀 문제 되지 않으며 루트는 언제든 수정될 수 있는 소지가 다분하고 신발은 편안한 게 제일이라는 얘길 귀가 따갑게 했어도 그것은 그들의 여행이었지, 나의 여행이 아니라는 생각에 난 수도 없이 생각하고 선택하고 그 선택을 뒤집으며 과연 후회하지 않을 것인지, 잘못된 선택이 아닌지에 대해 나 스스로를 괴롭혔다.

　그러나 그것은 정말 쓸데없는 시간낭비이며 바보 같은 행동이었다. 나는 여행중에 수도 없이 루트를 바꾸며 떠돌다가 한 곳에 꽤 오래 정착하기도 했고, '거기가 좋다'는 한 번도 본 적 없는 현지인의 말에 이끌려 무작정 '거기'에 가보기도 했다. 배낭은 어느새 무게를 느낄 수 없을 만큼 나와 하나가 되어 있었고, 신발이 거추장스럽게 느껴질 땐 가끔 맨발로 걷기도 했다. 내가 그토록 예민하게 고민하고 결정했던 모든 일들이 길 위에 서니 아무것도 아닌 일이 되어 버린 것이다.

중요한 것은 배낭의 크기가, 치밀하고 정확한 계획이, 신발의 종류가 아니었다. 38리터와 45리터 배낭 사이에는 얼마나 많이 넣을 수 있느냐 없느냐의 차이가 있는 것이 아니다(사실, 겉으로 보기에 두 개의 배낭은 크게 달라보이지도 않는다). 3박 4일의 여행엔 38리터가 유용하고 1년 이상의 장기여행엔 45리터가 더 쓸모 있다는 그런 공식 따위는 없다. 배낭은 여행중 내게 꼭 필요한 물건을 담을 튼튼한 것이면 된다.

치밀하고 정확한 계획이란 건 긴 여행일수록 지켜지기 어렵고 어쩌면 무모한 것일 수도 있다. 길 위에선 수많은 변수들이 생겨난다. 계획에 쫓겨 그것들을 모른 척하고 지나가기엔 우리가 미처 알지 못했던 매력적인 곳이 수도 없이 나타나고 또 사라진다.

무엇보다 내가 제일 힘이 빠졌던 건 신발 때문이었다. 운동화냐, 등산화냐 사이에서 꽤 오랜 시간을 고민했기 때문이다. 추운 나라를 여행하거나 산을 타게 될 경우엔 미끄러운 운동화보다 등산화가 훨씬 유리하겠지만 더운 나라로 이동하게 되면 등산화는 무겁고 거추장스러운 짐이 될 것이 분명했다. 결국, 네팔을 여행지목록에 넣으며 등산화를 선택했지만 길 위에선 신발의 '종류'가 아니라 신발을 벗고 있느냐 신고 있느냐의 '유무'가 훨씬 더 중요했다. 가파른 안나푸르나를 끈이 너덜거리는 슬리퍼를 신고 넘나드는 어린아이를 보고, 맨발로 릭샤를 끄는 인도사람들을 보고 얼마나 얼굴이 화끈거렸는지 모른다.

물질과의 여행이 아니었다. 마음과의 여행에 필요한 물건은 그리 많지가 않다. 나는 여행을 떠나고서야 그것들을 느낀 것이다. 어렸을 때부터 꽤 많은 곳을 여행했고 가볍게 짐 꾸리는데 도가 텄다고 생각했는데 장기여행을 준비하며 나는 너무 많은 것들을 잊고 있었다. 38리터의 가방, 등산화, 정확한 계획표 등은 몸을 편하게 할런지는 몰라도 마음까지 편하게 하지는 못하는데, 나는 몸이 편안한 것에만 신경을 곤두세웠던 것이다. 여행은 몸이 아니라 마음을 편하게 하려고 하는 것인데 말이다.

내게 여행을 물어오는 사람들 중에 나와 같은 고민을 하는 사람들이 적지 않다. 그럴 때마다 나는 얘기한다. 배낭이 가벼워질수록 여행은 무거워지는 법이라고.

■ Epillogue

    스물아홉, 지루한 일상으로부터 도망쳐왔지만 나는 또 다른 일상 한가운데 서서 삶을 마주해야 했다.
    그리고 그곳에서 나와 내 삶에 대해 진지하게 고민해본 적이 없던, 늘 당당히 맞서기보다는 피하고 도망치려 했던 나약한 내 모습을 발견했다. 행복해지고 싶다면서 그렇지 못한 내 모습을 발견하려 애쓰고 그것이 당연한 순리인양 좌절하고 익숙하게 받아들이던 초라한 나, 지독히 높은 벽을 쌓아놓고 불리한 순간이 오면 그 안으로 숨어버리기 급급했던 비겁한 나, 시도해 보지도 않고 무조건 안 된다고 뒷걸음치던 조심스러운 나.

    알고 있었지만 모른 체하고 싶었던 부끄러운 내 모습이 불쑥불쑥 튕겨져 나와 길 위에 나뒹굴 때마다 나는 심한 몸살을 앓았다. 바라보고 싶지 않아 눈을 감거나 다른 길로 돌아갈 때에도 지독한 자아의 껍데기들은 잔인하리만큼 내 뒤를 바짝 쫓아 숨통을 죄어 오고 때론 앞으로 전진할 수 없게 발목을 잡아끌기도 했다. 이 모든 것들을 내 것으로 인정하고 끌어안기까지 얼마나 오랜 시간이 걸렸는지 모른다.

    인정 認定.
    어쩌면 나는 이 한 단어를 찾기 위해 스물아홉, 길 위에서 섰는지도 모르겠다. 이해할 수 없으면 그저 포기했던 내게 여행은 '인정' 하는 법을 가르쳐주었다. 나와 다른 사람, 환경, 사회를 떠돌며 수없이 깨지고 쓰러지고 부서지고 나서야 개인적인 감정 개입 없이 있는 그대로를 받아들이고 수긍하는 방법을 알게 된 것이다. 그리고 그동안

이해할 수 없고 이해하고 싶지 않고 이해하지 못하겠다며 떠나왔던 것은 한국 사회도, 내 주변 환경도, 나를 둘러싸고 일상도 아닌 바로 나 자신이었다는 것을 인정하고 나니 나를 옭아맸던 모든 것들이 풀어지는 듯 마음이 편안해지며 자유로워졌다. 정말로 포기하고 버려야 할 것, 도망쳐야 할 것들은 내 삶에 대한 진부한 변명과 핑계였다.

250일간의 배낭여행은 나를 다시 찾아주는 귀중한 시간이었다. 물론 모든 것이 다 벗겨진 껍데기인 나를 바로 보는 과정이 쉽지는 않았다. 그러나 내가 조금 더 어렸더라면 혹은 더 나이가 많았더라면 그런 나를 마주할 수가 없었을 거라고 지금은 확신한다. 여자에게 서른은 나를 조금 더 객관적으로 바라볼 수 있고 이해할 수 있고 인정하고 사랑해 줄 수 있는 나이다. 모두들 여행을 떠나기에 늦은 나이라고 했지만 나를 찾기 위한 여행이라면 그때만큼 좋은 때도 없는 것 같다.

나이를 먹어 가는 게 즐겁다. 이런 여유를 갖게 될 줄 이십대에는 상상할 수 없었다. 도대체 마흔이 되면 어떤 즐거운 일이 기다리고 있을까? 오십대, 육십대가 되면 주체할 수 없을 정도의 행복한 일들이 나를 기다리고 있을 것만 같아 벌써부터 가슴이 벅차다.

잘 살아야겠다. 나이 먹는 것이 부끄러운 일이 되지 않도록.

다르게 시작하고픈 욕망
서른 여행

1쇄발행 2010년 8월 25일
2쇄발행 2011년 1월 20일

지은이 한지은
발행인 서경석

책임편집 정재은
마케팅 예경원, 서기원, 소재범

디자인 박정수

발행처 청어람 M&B
출판등록 제313-2009-68호
주소 경기도 부천시 원미구 심곡2동 163-2번지 서경빌딩 3층
연락처 (T)032-656-4452 (F)032-656-4453

ⓒ한지은, 2010
ISBN 978-89-93912-33-3 03810

※이 책은 저작권법의 보호를 받는 저작물이므로 무단전재와 복제를 금합니다.